JN111691

図解 ポケット

新時代の経営モ

パーパ

よくわか

AISHIMA Toshimi
相島 淑美 著

はじめに

　新型コロナウイルスの感染拡大、Z世代の登場、DXの推進——十年後はおろか数か月後のことすら読めない不透明な時代にあって、「パーパス経営」はますます重要なキーワードとなっています。「パーパス」purposeは辞書的な意味でいえば「目的」ですが、ここでは「社会における目的・存在意義」として定義されます。軸となるのは、自社の利益を追いかけるばかりでなく、自分たちは社会に対して何をなしえるのか、なぜどのような点で社会に必要とされるのか、という視点です。

　日本企業の多くは、伝統的に「お客さま」や地域の人たちとのかかわりのなかで活動してきたという面があり、根本的な意味では、上記の問いは決して難しい問いではないでしょう。

　一方で、当社はSDGsの取り組みを始めているからパーパスは不要では？　CSRとは違うのか？　ビジョンとパーパスは別々に策定するのか？　といった疑問の声もよく聴きます。なかでも最も重要なのは、「では、うちの会社は何をどのように進めていけばよいのか」という問いです。

　本書はパーパス経営の導入・実践に取り組む経営者、リーダー、現場の皆さんのこうした問いに応えるため、パーパス経営の基本から背景、導入の手順や改善のための考え方について、豊富な事例を通して解説しています。

　本書は7章構成です。第1章、第2章ではパーパス経営のABCおよびパーパス経営がなぜいま重視されているのかについて、できるだけ専門用語を用いず、シンプルに説明しました。第3章はパーパス経営実践のステップについて、順を追って整理しています。第4章ではパーパス経営が組織強化につながるとはどういうことか、事例を取り上げつつ丁

寧に説明しました。第5章はパーパスブランディングについて、特にコミュニケーションの点から、ここでも事例を引いて述べています。第1章～第5章で紹介した事例はいずれもパーパス経営でよく名前があがる企業です。

　第6章では、中小企業、伝統産業、スタートアップ、地方、公共事業など、多種多彩な事例を扱っています。「パーパス」が誰にも理解されないところから粘り強く自社のパーパスを浸透させ組織力を向上させた企業、業界そのものが衰退傾向にあるなかパーパス経営によって業績をあげている企業など、興味深い事例ばかりです。それぞれのパーパス経営のキーワードを抽出してまとめていますので、参考にしてください。

　第7章は、「パーパス経営を導入してみたが、期待どおりにいっていない」場合に振り返るべきポイントについて、第3章の実践ステップをベースにまとめています。なお、本書で取り上げている事例の多くは、複数の節のトピックにかかわっています。

　社会から支持され必要とされる企業となるべくパーパス経営に取り組む皆さんが、「私たちはどうしたらいいか」を考える際の参考書として本書を手元におき、ディスカッションのトピックとして存分に活用してくださることを願ってやみません。

2023年1月

相島淑美

図解ポケット
パーパス経営がよくわかる本

CONTENTS

MEMO

CHAPTER

1

パーパス経営の
基礎知識

　本章では、パーパス経営の定義や効果、現在注目されている理由について解説します。また、ビジョンやミッションといった混同されがちな言葉との違いについても紹介します。

パーパス経営とは何か

パーパス経営とは、社会における存在意義をベースにした考え方であり、「企業が社会とどうかかわるか」に重点を置いた企業経営の考え方です。

1 社会における存在意義をベースにした考え方

パーパス経営には様々な定義があります。多くの学者やマーケターがそれぞれの視点、言葉でパーパス経営を説明していますが、およそすべての定義に通じる部分でシンプルに説明するならば、パーパス経営とは「社会において、私たちの会社は何のために存在しているか」すなわち社会における存在意義をベースとした考え方であるといえます。

企業経営について考える場合、従来は「自社のリソースをどう活用して何をするか」という点に重点がおかれていました。パーパス経営の中心となっているのは、「企業が社会とどうかかわるか」です。"What""How"から"Why"への変換ということもできるでしょう。

2 リーダーのもと全社的に取り組むことで価値を持つ

「私たちの会社は、何のために社会に存在しているか」「私たちの会社は、社会に何ができるか」「私たちの会社は、どうして社会になければならないのか」は、狭義の経営目標とは違う、根源的な問いです。また、「当社は〜の商いから始まった」という「そもそも論」とも違います。いま会社で働いている従業員、株主をはじめとする**ステークホルダー**との絆を基底において、時代の変化にダイナミックに対応するなかで、ぶれない原点がパーパスなのです。

　パーパス経営は手っ取り早く企業価値を上げたり利益率を伸ばしたりする方法ではありません。サステナブルな時流に乗ったキャッチフレーズを並べたブランディング戦略でもありません。また、一部門に任せて作らせるものでもありません。リーダーのもと、全社的に会社の歩み、これからのありようを考えぬき、議論して作成すること、また全員がそれに共感し、各自の価値観と重ね合わせながら主体的に日々の業務に反映させることで、価値を持ちます。

FIGURE 1　パーパス経営とは何か

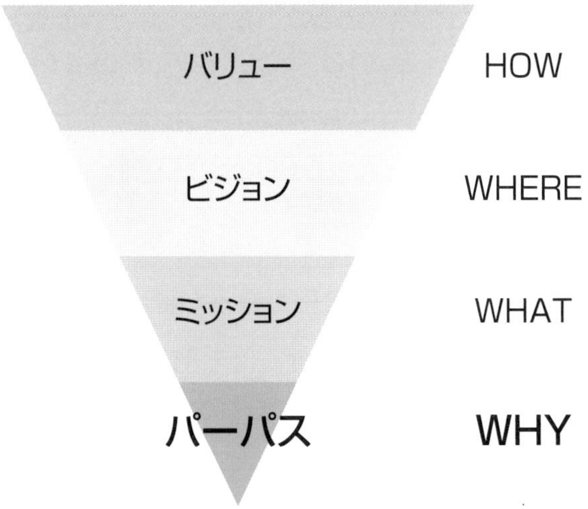

バリュー	HOW
ビジョン	WHERE
ミッション	WHAT
パーパス	WHY

パーパスは、企業活動がぐらついたり揺らいだりしないための「軸」のようなもの

パーパス経営は いまなぜ注目されているのか

パーパス経営がいま注目されている背景には、社会・消費者・資本市場といった、企業をとりまく環境の大きな変化があります。

1 社会の複雑化や不確定要素の増加が影響

いまパーパス経営が注目される理由としては、企業をとりまく環境に大きな変化が起こっていることが挙げられます。

まずは社会の変化です。今日、社会の諸問題はたとえば**新型コロナウイルス**の感染拡大やウクライナ情勢など、表面を見ただけではすぐ解きほぐすことができないほど複雑化しており、また不確定要素が多くなっています（第2章7節）。そのなかで、企業に期待される役割も変化しているのです。**SDGs*** が浸透しつつあることも、企業が社会性を持とうとする要因となっています（第1章6節）。

2 消費者や資本市場の変化もきっかけに

消費者も大きく変化しています。社会課題の解決への貢献意欲が強いとされる**Z世代**、**ミレニアル世代**の台頭により、企業も従来とは異なるマーケティング戦略をとることが求められます（第2章5節）。

Z世代は企業にとって将来を担う重要な働き手でもあります。ミレニアル世代以降の人たちは、就職・転職活動で「この会社は環境や社会によいビジネスをしているか」に敏感です。仕事でウェルビーイングを感じられるか、生きがいを得られるか、という感覚も重要となるでしょう。

* **SDGs** Sustainable Development Goals の略。

　資本市場の変化も、企業がパーパス経営にかじを切るきっかけとなりました。短期的な視点で業績を見て投資先を判断するのでなく、**環境**（Environment）、**社会**（Social）、**ガバナンス**（Governance）の観点から企業を選ぶ**ESG投資**が世界的に広まっています。（第2章3節）

　パーパス経営が注目されるようになったのは、2018年世界大手の投資会社 BlackRock 社のトップ、ラリー・フィンク氏が、投資先の企業に宛てた書簡における次の文言が始まりであるといわれています。「継続的に発展するには、企業は業績を上げるのみならず、社会にいかに貢献していくかを示さなければならない」

FIGURE
2　パーパス経営はいまなぜ注目されているのか

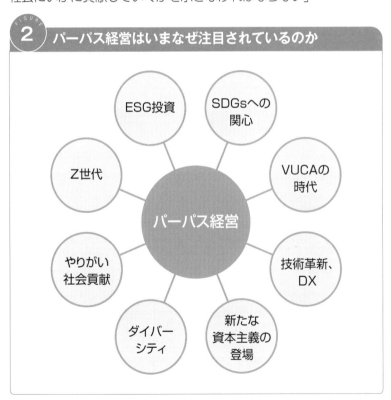

パーパス経営はどんな効果を もたらすか

パーパス経営を行うことで、社内外のステークホルダーの支持 が得られるようになるとともに、組織力の強化にもつながります。

1　社内外のステークホルダーの支持が得られる

　パーパス経営を行うことで、企業はどのようなメリットを得られ るのでしょうか。

　まず重要なのは、ステークホルダーの支持を得ることができると いうメリットです。**消費者**や**株主**をはじめとする社外のステークホ ルダーが、パーパスに共感し、コアなファンとなってくれることが 期待されます。

　さらに、社内のステークホルダーである**従業員**に対する効果も重 要です。パーパスによって従業員は自分の仕事の意義が明確になり、 仕事や組織を自分事化することができます。企業と自分の価値観が 符合すれば、自主的に業務に取り組むことにもなるでしょう。特に Z世代には効果的です。

2　変化への対応力やブランド価値の向上も

　次に、**組織力**の強化が考えられます。企業規模が大きくなると、 部門間の連携が難しくなったり、上下の意思疎通が遅れ気味になっ たりするケースもあります。ひとつの部門で顧客の声を聴いていな がら、それを商品サービス開発にすぐ反映しにくいという場合もあ るでしょう。パーパスによって、社会に対して自分たちはどのよう な価値を提供していくかというベクトルが明確になります。新商品・

サービスの開発やビジネスモデルの開発についても、確信を持って取り組むことができます。より有機的な組織となって、社外の変化にダイナミックに対応する力も養われるでしょう。

　企業がこれまでの歴史・実績をもとに、社会とかかわっていく姿を描き、その原点をパーパスとして言語化し、その実現を目指すというストーリーは、**ブランド価値**を高めます。

　ネスレ日本代表取締役兼 CEO 高岡浩三氏は経営面でのメリットとして次のように述べています。「パーパスを定義したことで、あらゆる判断基準がより明確になりました。それは株主や取引先にとってもプラスになっていると思います。彼らがネスレを評価するとき、われわれの行動がパーパスに合っているのかどうかが尺度になったり、それに賛同してくださる人たちが支えてくれたりするからです。（中略）…パーパスは企業と従業員が締結する労働契約の原点です。そのため、採用の際の重要な基準として活用しています。（中略）…会社のパーパスを共有することで、従業員が自分自身の志を問うきっかけを与えられます」（『DIAMOND ハーバード・ビジネス・レビュー』2019年3月号、25ページ）

　バンダイナムコは2022年4月、グループの最上位概念としてパーパスを制定しました。「つながる」にフォーカスをおいたパーパスを基に、さらに同社はロゴマークの変更に踏み切りました。ロゴマークには社名の下に英語パーパス Fun for All into the Future が添えられています。社名にバンダイナムコを冠する会社のロゴマークはすべてこのマークを使用すること、バンダイナムコを社名に冠する、冠さないにかかわらず、原則的に全ての商品・サービスに新ロゴマークを表記することとなりました。パーパスと商品・サービスを直接結びつけることでブランド価値の向上を目指すとしています。

FIGURE 3

パーパス経営はどんな効果をもたらすか

パーパス経営はどんな企業が取り組む？

パーパス経営というと、大企業やB to C企業が取り組むものというイメージを持つ人も少なくありませんが、企業規模や業態に関係なく取り組むべき課題といえます。

1 いずれの企業も取り組むべき課題

一般的に取り上げられるパーパス経営の事例をみると、パタゴニア、ナイキ、ネスレ、ユニリーバといった海外の大企業が並んでいます。日本企業として名前が挙げられているのは、ソニー、味の素、東京海上日動火災保険といった、これも錚々たる企業ばかりです。しかし、パーパス経営は「大企業だから」導入するものではありません。「うちのような中小企業には無縁」というものでもありません。今後長きにわたって顧客とよい関係を築き、社会において生き残っていくためにいずれの企業も取り組むべき課題なのです。

本書第6章にはパーパス経営を導入している企業事例を紹介していますが、ここで取り上げたのはいずれもいわゆる「世界的に知られた」大企業ではありません。それぞれが自社の価値観や実績を生かして、「私たちらしいパーパス」に取り組んでいるのです。

2 導入にふさわしいタイミング

「どんな企業が取り組むか」を違う視点から見てみましょう。業種や規模にかかわらず、一般に、パーパス経営を導入するのにふさわしいタイミングというものはあります。

たとえば、CEOや新経営陣が就任したタイミングです。新CEOが自分の信念を明らかにし、今後の経営方針を打ち出そうとしている場合、パーパス経営は強力なリーダーシップとともに浸透しやすい傾向があります。

同様に、経営戦略や方針が大きく変換するタイミングもパーパス経営の導入に適しているといえます。戦略が変化すると戸惑いが生じやすいですが、軸となるパーパスを言語化することで、その変化を理解しやすくなるでしょう。

同一業界の企業とのM&Aや異業種企業とのJV設立時も、「自分たちが何のために存在しているのか」を社内外に向けて改めて定義することは意味があります。

また、会社が業績不振や不祥事等で危機にあるときも、パーパス経営を打ち出すチャンスともいえます。不祥事により「自分たちは存在していいのか」という懸念さえ漂っていた状況にあって、幹部主導でパーパスを設定し、社員の**エンゲージメント**（会社への愛着、仕事に対する意欲、責任感など）を再び高めることに成功した例もあります（第7章7節で紹介しています）。

従業員のエンゲージメントが低下しているときもパーパス導入のタイミングです。離職者の増加、採用でのミスマッチなどが見られる場合など、自分たちの社会における存在意義を言語化することで解決できることがあります（第4章7節）。

FIGURE 4 パーパスは経営はどんな企業が取り組む？

新CEO就任時

経営戦略の
方針転換時期

M&A

周年時期

パーパス

離職者の増加

会社の危機

組織の硬直化

強いリーダーシップによって
社員のマインドをひとつにしたい、
社内外の支持を得て前進したい、
というタイミングといえるかも

ミッション、ビジョン、パーパス

パーパスはミッションと同じく「使命」にかかわりますが、社会における意義に焦点を当てた考え方です。また、パーパスを組織の「軸」とすれば、ビジョンは事業が目指す「ゴール」に当たります。

1 パーパスは組織の「軸」

企業の存在意義といえば、馴染みのある言葉として**ミッション**があります。ミッションは一般に「使命」あるいは果たすべき任務を意味します。

これに対して、パーパスは「使命」という点は同じですが、社会とのかかわりに焦点を当てた考え方です。すなわち、社会において私たちはどのような任務を果たしていきたいのか、何を使命と考えるのか、どういう存在でありたいのか、がパーパスです。

パーパスがいわば組織の「軸」であるとすれば、**ビジョン**とは事業を通じて目指すべきゴール、将来的に達成したい理想の姿を意味します。一言でいえば「方向性」です。

企業によっては、既存のミッションやビジョンにパーパスが含まれる場合もあります。別項（29ページのコラム）にあるように、日本では創業時から「世の中のために」という意識を持った理念を掲げる企業が少なくありません。パーパス導入の際には、いまいちど組織のよって立つ基盤、原点を見直し、これまでの歴史とこれから歩みたい道を組織として言語化し再確認するとよいでしょう。言語化はステークホルダーの深い理解およびその先にある自主的行動のベースとなります。

事業の特徴・性格や規模、実績等によっても何が必要になるかは違ってくるでしょう。

いずれにしても、パーパスという「文言」を新たに制定することが大事なのではなく、企業が紡いできた事実としての時間を、ひとつの意味を持った織物として再現することに、トップはじめ組織全体で取り組むこと、全員が理解し、納得し、共感するプロセスそのものに意味があります。

2 花王の事例

花王は「社会に存在する意義やありたい姿、社会課題を踏まえた未来への5つの約束、企業理念」を企業のウェブサイトで明示しています。パーパスは「豊かな共生世界の実現 To realize a Kirei World in which all life lives in harmony」とされ、「子どもたちが願う未来は、すべてのいのちが輝く"共生"の世界。花王もその世界の一部でなければならない」と記されています。

ビジョンは以下のとおりです。「未来のいのちを守る Sustainability as the only path」。ますます深刻化する日常生活への脅威に対して、「生きとし生けるすべての未来のいのちを守る企業」となる、という方向性が述べられています。

なお1890年の創業時から「社会や人々の役に立ち、より豊かな生活文化を実現するよきモノづくりに携わる」とゆるぎないパーパスを守ってきたことが述べられ、パーパスの説得力を増しています。

FIGURE

5　ミッション、ビジョン、パーパス

使命　豊かな共生世界の実現

ビジョン　人をよく理解し
期待の先行く企業に

基盤となる価値観　正道を守る
よきモノづくり
絶えざる革新

行動原則　共生視点　現場起点
個の尊重と力の結集
果敢に挑む

出典：花王株式会社ウェブサイト

企業活動のよりどころとなる「花王ウェイ」は、製品を通じてすべての人が「よりよい、より清潔な、より健康的な生活」を送り、社会状況を改善するという創業時以来の理念から導き出されたもの。中長期の事業計画のレベルから社員一人ひとりの日常の行動にいたるまで、すべての基本となっています。

パーパスとサステナビリティ

近年、サステナビリティ経営に取り組む企業が増えていますが、サステナビリティ経営を行っていてもパーパス経営の実践につながるとは限りません。

1 サステナビリティ経営はやって当たり前

サステナビリティ（サステナブル）経営*に取り組んでいればパーパス経営を実践しているということだ、と思う人もいるかもしれません。

この点について、京都先端科学大学教授・名和高司氏は比喩を用いて、わかりやすく次のように述べています。

「サステナビリティに関連して、SDGs の17のゴールがあり、日本企業はかなり努力していると思います。ただ、サステナビリティに対応すること自体は "存在資格" があるだけで、"存在理由" にはならない。存在理由がなければ存在資格もなくなり、社会から退場宣告を受けかねない。サステナビリティはどの企業も当然進めるべきですが、それは "規定演技" であって、やって当たり前。これからはその企業ならではの "自由演技"、"企業を通じて何をしたいのかの想い" が重要。それが各社ごとのパーパスづくりの流れになっています」（Forbes JAPAN「21世紀は「パーパス経営」の時代。資本主義から DX を駆使した「志本主義」へ」）。

***サステナビリティ経営** 環境・経済・社会に配慮することで、事業のサステナビリティ（持続可能性）向上を図る経営のこと。

② パーパスによって主体的な取り組みに

　いいかえれば、近年の社会情勢や事業環境において、企業はサステナビリティ経営に取り組むことが不可避となっていますが、サステナビリティ重視の取り組みを「社会から与えられている課題だから」「いまこれを実施しないと生き残れないから」と受け止めていては、「やっています」感を出せばよいという浅薄な結果となってしまいがちです。従業員にとっても「なぜ自分たちはこれをしているのか」腑に落ちず、主体的な取り組みにはなりにくいでしょう。結局、数年たってみると下火になっていた、という例も珍しくありません。

　こうした問題を解決するのがパーパスです。パーパスによって、サステナビリティの問題は自分の価値観とも符合する、「私たちにふさわしいテーマ」となり、より主体的に、組織全体で取り組むことが可能になるのです。

③ 大和ハウスの事例

　大和ハウスグループは全従業員参加型の"将来の夢"プロジェクトを立ち上げ、一年かけて導き出された"将来の夢"「生きる歓びを分かち合える世界の実現に向けて、再生と循環の社会インフラと生活文化を創造する」を2022年5月にパーパスとして発表しました。

　さらにこのパーパスを達成するため同社がとるべきアクションを「再生と循環を前提とした価値の創造」「デジタルによるリアルの革新」「多様な自分らしい生き方の実現」と定義した上で「六つの重要課題」を特定し、この重要課題を踏まえて、2022年度を初年度とする中期経営計画を策定、サステナブル経営に取り組むとしています（ダイワハウス工業株式会社サイト「トップコミットメント 社長メッセージ」）

FIGURE 6 パーパスとサステナビリティ

1 貧困を
なくそう

2 飢餓をゼロに

3 すべての人に
健康と福祉を

4 質の高い教育を
みんなに

5 ジェンダー
平等を実現
しよう

6 安全な水と
トイレを
世界中に

7 エネルギーを
みんなにそして
クリーンに

8 働きがいも
経済成長も

9 産業と
技術革新の
基盤を作ろう

10 人や国の
不平等を
なくそう

11 住み続け
られるまち
づくりを

12 つくる責任、
つかう責任

13 気候変動に
具体的な
対策を

14 海の豊かさを
守ろう

15 陸の豊かさも
守ろう

16 平和と公正を
すべての人に

17 パートナー
シップで目標を
達成しよう

SDGsを実践していれば
パーパス経営ができている
ということなのかな?

出典:一般社団法人日本 SDGs 協会のホームページ

CSR や CSV とパーパス

CSRはステークホルダーの要求に対応し、企業として社会への責任を果たすこと、CSVは社会問題の解決などとビジネスとしての成立を両立しようとする考え方を意味します。

1 CSR はステークホルダーの要求に対応し 企業として社会への責任を果たすこと

　混同されやすいのですが、パーパス＝社会性の高い理念＝ CSR ＊というわけではありません。パーパスは「自社は社会においてなぜ必要なのか。自社がなくなったら社会はどうして困るのか」という存在意義です。それに対して、CSR とは従業員、投資家、顧客などステークホルダーの様々な要求に対応し、社会に対して責任を果たしていくことです。

　CSV ＊は「共通価値の創造」と訳されますが、企業が事業として社会課題を解決し、環境・社会にポジティブな影響を与えることと利益を上げビジネスとして発展させることを両立しようとする考え方です。

　表に見える部分は似通うものがあっても不思議ではありませんが、ビジネスとして成立させることに重点をおく CSV と、存在意義を問うパーパスは、根底が異なります。重要なのは、概念レベルでなく、自社の存在意義は何か、社会課題をどのように解決していくかについて、全体的にリアリティをもって取り組んでいくことです。

＊ **CSR**　Corporate Social Responsibility の略。
＊ **CSV**　Creating Shared Value の略。

2 キリングループの事例

　キリングループは長期経営構想「キリングループ・ビジョン2027（KV2027）」において、「食から医にわたる領域で価値を創造し、世界のCSV先進企業となる」ことを掲げています。このKV2027の長期非財務目標として、社会と価値を共創し持続的に成長するための指針が「CSVパーパス」です。これは、CSVの考え方を独自に発展させ、パーパスと接続し再構成した概念といえます。

　同社が取り組んでいるCSVコミットメントの特徴は「酒類メーカーとしての責任」を前提としていることです。「酒類メーカーとしての責任」を前提として「健康」「コミュニティ」「環境」という社会課題に取り組むことで、「こころ豊かな社会を実現し、お客様の幸せな未来に貢献します」としています（キリンホールディングスサイト「CSVパーパス」）。

3 ネスレ日本の事例

　ネスレ日本代表取締役社長兼CEO高岡浩三氏は、同社がパーパスを定義する経緯について語ったインタビューでこのように述べています。

　「ネスレは創業150周年にあたる2016年に『生活の質を高め、さらに健康な未来づくりに貢献します』というパーパスを定義しました。（中略）…私たちはその数年前から、パーパスに関する議論を始めていました。ネスレでは10年前より事業活動における原則としてCSVを掲げています。（中略）…ただ社内的にはCSV自体が唐突に提示された印象を持つ人もいたので、その目的や意義を理解してもらう必要がありました。（中略）…CSVやビジョンを達成する上で、ネスレという会社が何のために存在しているのかをまず理解してもらうべきである。そこからネスレのパーパスが生まれま

した」(『DIAMOND ハーバード・ビジネス・レビュー』 2019年3月号24〜25ページ)

　高岡氏は同じインタビューの中で、さらに以下のように述べています。「私たちは慈善団体ではなく、営利を追求する企業です。株主から預かったお金を投資する限り、必ずリターンを追わなければいけません。すなわち、社会問題の解決が企業戦略に直結する必要があるのです。その意味では、企業戦略そのものである CSV をどうすれば実現できるかを考えて、ネスレのパーパスを定義したことは自然な流れだったと思います」(『DIAMOND ハーバード・ビジネス・レビュー』2019年3月号29ページ)

FIGURE 7　CSR や CSV とパーパス

CSV とは

- 企業が共通の価値を創造すること
- ビジネスで収益を上げつつ社会課題を解決する

CSR とは

- 社会的問題に責任もって対応すること
  (responsibility=responseする能力)
- 倫理的視点から「社会によいこと」を行う
- フィランソロピー、関連法規の遵守やコンプライアンス、地域社会参加など

Column
江戸時代のパーパス経営

　パーパス経営の考え方は最近になって生まれたものではありません。日本では、近江商人の経営哲学が発祥とされる「三方よし」に代表されるように、古くから企業と顧客、そして世間（社会）がともに幸せになるような経営を理想とした考え方が定着していました。

　近江商人は、江戸時代に全国規模の商業ネットワークを確立していました。近江国（現在の滋賀県）に本店を置き、北海道、東北、関東から中国、九州まで幅広い地域で商活動を行い、京都・大阪（大坂）に出店し、さかんな活動を繰り広げたといいます。彼らの間に受け継がれてきた家訓や店則が「三方よし」、すなわち、商売において売り手と買い手が満足するのは当然のこと、社会に貢献できてこそよい商売といえる、という考え方です。

　「売り手によし、買い手によし、世間によし」を示す三方よしという表現そのものは後世の作ともいわれていますが、馬場芳氏「近江商人の企業倫理」（弦間明、小林俊治・監修『江戸に学ぶ企業倫理—日本におけるCSRの源流』生産性出版※）によれば、その精神をはじめて書き残したのは麻布商・中村治兵衛宗岸であり、遺言に次のような行商の心得が記されています。「持参した商品をその国すべての人々に気持ちよく使ってもらうように心がけ、その取引が人々の役に立つことをひたすら願い、損得はその結果次第であると思い決めて、自分の商売のことだけ考えて一挙に高利を望むようなことをせず、なによりも行商に出かけた国々の人々の立場を尊重することを第一に心がけるべきである」。さらに、「この三方よしの理念は社会的貢献の意味合いを持ち、物を販売する際の売り手と買い手は双方にとってよいことは常識であるが、さらに世間よしとは自分が商いを行う地域にとっても利益を享受することが大事である、つまりその取引で得られた利益は世間のため、広く地域や社会のために活用されなければならないとしている」（同書※115〜125ページ）。

また、江戸時代の経営のありかたについて画期的な本を書いた鈴木浩三氏は、江戸の商家＝企業家らは「公意識」を持っていたと述べています。ここでいう「公意識」は業界や地域単位の「公」から最大の「公」である公儀すなわち幕府まで様々とされ、必ずしもいま私たちが考える「社会」とは一致しませんが、当時の商家が自らの利益のみを追求するのでなく、コミュニティやより広い領域に視点を置いていたことは、今日の私たちに示唆を与えてくれそうです（鈴木浩三『江戸商人の経営』日経BPM、2ページ）。

▼江戸時代のパーパス経営

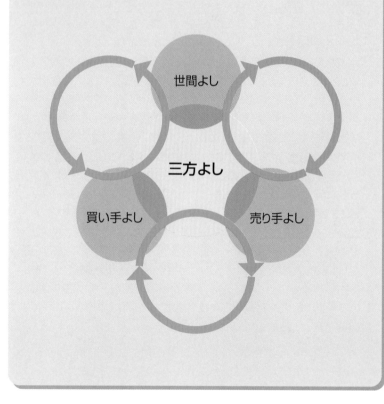

2

パーパス経営が
注目される背景

　パーパス経営が注目されている背景には、新たな資本主義
の登場や、SDGs、ESG投資などの広まり、消費者の価値観
の変化などの要因があります。本章では、パーパス経営に関
連する社会変化について解説します。

新しい資本主義の登場

パーパス経営への理解を深めるために知っておきたいのが、社会へのポジティブな影響とビジネスの両立を目指す新しい資本主義「コンシャス・キャピタリズム」です。

1 既存の資本主義を超えるコンシャス・キャピタリズム

　ノーベル経済学賞受賞者ミルトン・フリードマンは従業員やコミュニティ、環境の問題に目を向けるビジネスリーダーを批判し、「企業の責任は、株主のために利益を獲得することである」と主張しました。

　「本当にそうだろうか？　社会あっての企業であるはず」——と、従来とはまったく異なる方向性をもつ資本主義を唱えたのは、米オーガニック食品会社ホールフーズの共同創業者ジョン・マッキーとラジェンドラ・シソディアです。2人が提唱した**コンシャス・キャピタリズム**（conscious capitalism、意識の高い資本主義）は、社会にポジティブな影響を与えることと、ビジネスで成功することを両立させようと目指す、既存の資本主義を超える資本主義です。

2 コンシャス・カンパニーの柱となる「存在目的」

　二人の主張は2003年に発表した *Conscious Capitalism*（翻訳『世界でいちばん大切にしたい会社—コンシャス・カンパニー』翔泳社）に書かれています。顧客や従業員、投資家、コミュニティ、サプライヤーに愛され、富と幸福を創り出す企業を**コンシャス・カンパニー**として、数多くの事例から企業のあるべき姿を提案しています。

　本書では、コンシャス・カンパニーが成立する4本の柱が説明されていますが、第1に挙げられているのが**存在目的**です。

　「どのコンシャス・カンパニーも必ず存在目的を持っている。そしてそれは『なぜ我々は存在しているのか。なぜ我々は存在する必要があるのか』といった根本的な疑問に対する答えなのだ。どのような貢献をしたいのか。自社が存在していることで世界はどうしてよくなるのか。なくなると世の中の人々は惜しんでくれるのか。（中略）…どうしても譲れない存在目的があると、それが何であれ組織や組織の生態系の中の軋轢は少なくなる。そこで働くだれもが同じ方向を向き、協調しあいながら物事を進めているからだ」（『世界でいちばん大切にしたい会社―コンシャス・カンパニー』　60〜61ページ）

　パーパス経営を実践する企業とは、いいかえれば、社会にどのようにポジティブな影響を与えるかという視点で存在目的を捉えるコンシャス・カンパニーであるといえるでしょう。

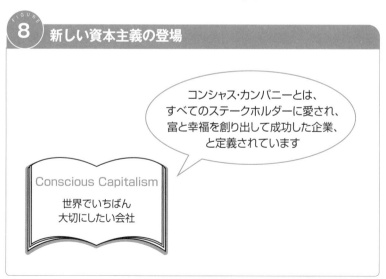

FIGURE
8　新しい資本主義の登場

コンシャス・カンパニーとは、すべてのステークホルダーに愛され、富と幸福を創り出して成功した企業、と定義されています

Conscious Capitalism
世界でいちばん
大切にしたい会社

2 SDGs への取り組み

近年、国内外で取り組みが進むSDGsは今後の企業経営に不可欠な考え方ですが、自社に合ったアプローチを考える手がかりとなるのがパーパスです。

1 SDGs に対する企業の取り組みや意識が向上

2015年、国連サミットにて SDGs が採択されました。SDGs とは、**持続可能な社会（サステナビリティな社会）**を実現するための国際目標ですが、個人としての課題だけでなく、企業が主導するべき課題なども含まれています。

日本において、企業レベルではどの程度取り組みが進んでいるのでしょうか。

帝国データバンクの調べ（2022年）によると、自社におけるSDGs への理解や取り組みについて尋ねたところ、「意味および重要性を理解し、取り組んでいる」企業は23.6%でした。「意味もしくは重要性を理解し、取り組みたいと思っている」（28.6%）と合計すると、「SDGs に積極的」な企業は前回調査 (2021年6月) より12.5ポイント増の52.2%と半数以上となりました。

2019年、ある大手小売企業の役員は、自社の SDGs の取り組みについてインタビューさせていただいた際に「SDGs の考え方なしには、今後生き残っていけない。この認識は業界で共通しています」と述べていました。「ただそれをどのように消費者に伝えるかが問題。日本的な、かつ企業独自のアプローチを考える必要がある」とも。この「企業独自のアプローチ」を考える上で軸となるのがパーパスです。

2 SDGsに積極的な企業の景況感は良い傾向で推移

同じく帝国データバンクの調べ（2022年）で、17の目標のなかで現在力を入れている項目を尋ねる項目では、「働きがいも経済成長も」が12.6％で最も高く（複数回答、以下同）、次いで、「エネルギーをみんなにそしてクリーンに」（8.3％）、「気候変動に具体的な対策を」（7.5％）「パートナーシップで目的を達成しよう」（6.9％）「つくる責任つかう責任」（6.4％）となりました。

依然として、「大企業」ではSDGsに積極的な企業が68.6％となった一方、「中小企業」は48.9％で大企業を大きく下回っています。「（SDGsの）重要性については重々認識できているが、当社のような中小企業では、具体的に何をどう進めていくのか悩んでいる。また、コストの問題もある」（肉製品製造）という声がある一方で「会社規模にかかわらず、今後SDGsやESGなどの取り組みを行うことが、企業価値を生み出す大きなファクターになり得ると感じている」（化学機械・同装置製造）という意見もありました。

電通による第5回「SDGsに関する生活者調査」（2022年4月）によると、①SDGsという言葉の認知率の認知率は86.0％で、前年調査から30ポイント以上伸長しています。第1回調査（2018年）からは約6倍に拡大しました。「内容まで理解している」という回答は、前回調査（2021年1月）から約1.5倍にあたる34.2％へと伸長。10代では初めて過半数を超えました。

生活者はSDGsに取り組む企業に好印象を持つだけでなく、その企業が提供する商品やサービスへの利用意向も高まることが示唆されています。同調査によると、SDGsに取り組む企業への印象について、「イメージが良くなる（40.0％）」「好感が持てる／応援したくなる（35.2％）」「信頼がおける（26.6％）」「その企業の商品やサービスを利用したくなる（18.1％）」といった回答が寄せられています。

FIGURE 9

SDGsへの取り組み

SDGsへの理解と取り組み

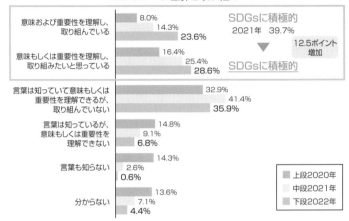

意味および重要性を理解し、取り組んでいる	8.0% / 14.3% / 23.6%
意味もしくは重要性を理解し、取り組みたいと思っている	16.4% / 25.4% / 28.6%

SDGsに積極的
2021年 39.7%
▼ 12.5ポイント増加
SDGsに積極的

言葉は知っていて意味もしくは重要性を理解できるが、取り組んでいない	32.9% / 41.4% / 35.9%
言葉は知っているが、意味もしくは重要性を理解できない	14.8% / 9.1% / 6.8%
言葉も知らない	14.3% / 2.6% / 0.6%
分からない	13.6% / 7.1% / 4.4%

■ 上段2020年
□ 中段2021年
□ 下段2022年

注：母数は有効回答企業1万1,337社。2021年6月調査は1万1,109社。
2020年6月調査は1万1,275社

SDGsへの取り組みによる効果（複数回答）

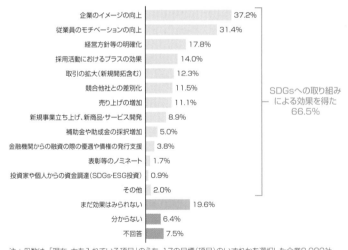

企業のイメージの向上	37.2%
従業員のモチベーションの向上	31.4%
経営方針等の明確化	17.8%
採用活動におけるプラスの効果	14.0%
取引の拡大（新規開拓含む）	12.3%
競合他社との差別化	11.5%
売り上げの増加	11.1%
新規事業立ち上げ、新商品・サービス開発	8.9%
補助金や助成金の採択増加	5.0%
金融機関からの融資の際の優遇や債権の発行支援	3.8%
表彰等のノミネート	1.7%
投資家や個人からの資金調達（SDGs・ESG投資）	0.9%
その他	2.0%
まだ効果はみられない	19.6%
分からない	6.4%
不回答	7.5%

SDGsへの取り組みによる効果を得た
66.5%

注：母数は、「現在、力を入れている項目」のうち、17の目標（項目）のいずれかを選択した企業8,080社

出典：帝国データバンクSDGsに関する企業の意識調査（2022年）

CHAPTER
2
3

ESG 投資の広まり

環境・社会・ガバナンスの要素を考慮したESG投資が、今日の投資の潮流となっています。このESG投資の広まりもパーパス経営が注目される背景のひとつです。

CHAPTER
2
パーパス経営が注目される背景

1 長期的な視点で評価する ESG 投資

以前、投資家にとっての最優先課題は短期的な収益性でした。株主利益の拡大こそが企業の責任であるという考え方もあり、いかに効率よく利益を得るかが重要とされていました。しかし、そうした傾向が進んだことで、経営者も投資家も目の前の数字にばかり捉われた結果、長期的な視点で企業の方向性を考えることが難しくなっていました。社会や環境に残された企業による負の痕跡は、株主利益、短期的利益を優先してきた結果なのではないか、とみる反省の姿勢も広まっています。

今日、投資家らは長期的な視点で企業の数字を捉えようとしています。それが ESG 投資です。まさにいま投資の潮流となっているESG 投資は従来の財務情報だけでなく、環境・社会・ガバナンス要素も考慮した投資を指します（責任投資、社会的責任投資ともいいます）。2005年に当時の国連のアナン事務総長が提唱しました。

年金基金など大きな資産を超長期で運用する機関投資家を中心に、企業経営のサステナビリティを評価するという概念が普及し、気候変動などを念頭においた長期的なリスクマネジメントや、企業の新たな収益創出の機会（オポチュニティ）を評価するベンチマークとして、国連持続可能な開発目標（SDGs）と合わせて注目されています。

　日本においては、2016年を境にESG投資が拡大しました。2006年から2014年までは、日本での投資割合は非常に小さいものでした。2015年、投資にESGの視点を組み入れることなどを原則として掲げる国連責任投資原則（PRI）に、日本の年金積立金管理運用独立行政法人（GPIF）が署名したことを受け、2016年以降急速にESG投資の存在感が増しました。

　それに伴い、2018年以降は投資家に向けて積極的にESG投資情報を開示する企業が増えています（株式会社アースコムウェブサイト「ESG投資の日本の現状とは？世界との違いや今後にも注目！」）。

　ESG投資においては、企業の社会や環境への影響が重要な要素となります。究極的には、社会における存在意義を明らかにすることが不可欠です。それが、パーパス経営が注目される背景のひとつとなっています。

FIGURE 10 ESG投資の広まり

規模はまったく違うが、日本でも同様の上昇曲線を描いている！

世界の著名機関におけるESG投資の広まり

CHAPTER 2-4 消費者の変化

地域の活性化や雇用などを含む、人・社会・地域・環境に配慮した消費行動であるエシカル消費の広まりも、パーパス経営が注目される背景となっています。

1 人・社会・地域・環境に配慮した消費行動

パーパス経営が注目される背景として、**エシカル**な消費者の登場があります。エシカル（ethical＝倫理的・道徳的）消費とは、地域の活性化や雇用などを含む、人・社会・地域・環境に配慮した消費行動のことです。消費者庁が設けたエシカル消費のサイトには、次のように説明されています。

「私たち一人ひとりが、社会的な課題に気付き、日々の買物を通して、その課題の解決のために、自分は何ができるのかを考えてみること、これが、エシカル消費の第一歩です。

2015年9月に国連で採択された持続可能な開発目標（SDGs）の17のゴールのうち、特にゴール12に関連する取り組みです」

さらに、具体的に以下のような消費行動を挙げて説明しています。

①人・社会に配慮する

チョコレートやコットン（綿）などは毎日の生活でお馴染みですが、原材料の多くを生産する発展途上国には、非常に低い賃金で働き貧困に苦しむ人たちがいます。学校に通えない子どもたちも多く存在するのです。

②地域に配慮する

遠くの地域で生産された製品を購入するのでなく、自分が住む地

域で作られた産物を選ぶことです。地産地消や伝統工芸品の購入、被災地応援消費が含まれます。

③環境に配慮する

気候変動や生態系の破壊などにつながるエネルギー資源に関心をもち、食品ロスを減らしたり資源保護認証商品を選んだりすることです。

④支え合う社会へ

一人ひとりが、商品の生産の背景や商品が届いて消費し廃棄された後の影響を考えた上で、その解決につながるようなモノやサービスを利用することを心がけましょう。

2 日常的な消費行動にはまだつながっていない

こうしたエシカルな消費はまだ日本では十分に普及しているとはいえません。エシカル消費の言葉を知っている人は一定数いますが、それが日常的な消費行動につながっていないのが事実です。パーパス経営がより定着し、社会の共感を得るパーパス経営が中心となるために、消費者が購買行動についてより意識的になることが求められます。

電通が全国10〜70代の男女計2500名を対象に実施した「エシカル消費意識調査2022」によると、「エシカル消費」の名称を知っている人は41.1％で、前回（2020年）調査から17.1ポイント伸長しています。性年代別にみると、特に名称認知率が高い層は、男性16〜24歳（51.2％）と男性25〜39歳（51.0％）でいずれも半数を超えました。

全体としてみるとエシカル消費への関心度はまだ高いとはいえませんが、エシカル消費の具体的な内容を知った後では、43.9％が日常生活に取り入れたいと回答しています。

なお、エシカル消費の中で、前回調査に続き、人々の認知・共感・実践意向率すべてにおいてトップとなったのは**食品ロス防止**でした。

　エシカル消費の浸透の鍵を握るのが学校教育（主に家庭科）における消費者教育です。日本では2010年以降、学校教育において消費者教育の導入が進みました。

　たとえば中学校家庭科では、伝統食を調理することで食文化の理解を深めたり、具体的な製品を用いて消費者の権利と責任を考えたり、シャンプーの購買時の意思決定について考えることでエシカル消費に関心を向けさせたりと工夫が凝らされています。

　教育内容には小中高の一貫性が乏しく継続的発展的な学びになりにくい、学校や教員によるばらつきが大きいなど、問題点も指摘されてきました。2020年に改訂された新学習指導要領では、教育の理念として「持続可能な社会の創り手」育成の重要性が示されています。消費（者）教育のさらなる変革・前進は、企業に大きな影響を与えることでしょう。

FIGURE 11 　消費者の変化

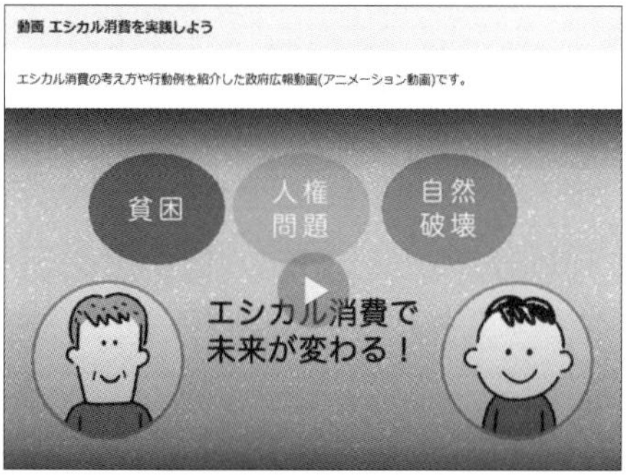

出典：消費者庁ウェブサイト（https://www.caa.go.jp/policies/policy/consumer_education/public_awareness/ethical/about/）

Z世代の価値観

国内外で消費の動向を左右する重要な層としてZ世代が注目を集めています。Z世代は自分の価値観を基準に商品を選ぶなどの傾向があります。

1 買い物については慎重で保守的

Z世代は、一般に1996年〜2015年頃に誕生した人たちを指します。アメリカではすでにZ世代が消費の主役となっていますが、日本でも消費の動向を左右する重要な層として注目されています。なお、ミレニアル世代（ミレニアルズともいいます）は2000年以降に成人した人々を指します。

2000年以降のITバブル崩壊やリーマンショック、東日本大震災などの不安定な社会情勢を経験し、かつ終身雇用制度の崩壊に直面する親の子どもであるZ世代は、買い物で失敗したくないと考える傾向があります。買い物については慎重で保守的といえるでしょう。社会変動にかかわらず本質的な価値のあるものを選ぼうとします。

そのため、事前の情報収集にも念を入れるのですが、一般的な検索サイトなどで得られる情報では満足せず、**SNS**を併用して「自分に合うか」を見極めようとします。「皆が持っているから自分も手に入れたい」でなく自分が欲しいかどうかが基準であり、自分用にカスタマイズされたものを重視します。口コミや**インフルエンサー**の買い物行動も参考にしています。

Z世代はモノの所有よりも体験にお金をかける傾向があり、さらに、体験したことをSNSで発信、共有することを好みます。インター

ネット文化が成熟した後に生まれているため、SNS は使いこなして当たり前。情報を収集し、思いを共有することに積極的である一方で、他人の反応にも敏感です。

2 共感できるかどうかを基準にする

　パーパス経営との関連でいえば、まず自分の価値観と合うかどうかを大切にする点があげられます。自分らしさを活かし、商品を選ぶときも、ブランドの知名度でなく共感できるかどうかを基準にすることが多いです。

　第2に、その延長線上ですが、「応援したいもの」にお金を払うのも Z 世代です。**クラウドファンディング**もそのひとつといえます。自分の価値観と符合し、共感できるプロジェクトであれば、自ら進んで参加しようとします。

　ではどのような価値観が選ばれるのでしょうか。日経 MJ が2021年11月に Z 世代の16〜26歳約5000人に対して実施したアンケートでは、「価格が高くなったり、不自由になったりしても、自らの消費行動を通じて社会の課題解決に貢献したいかどうか」という問いに対して、34.9%が「貢献したい」意向を示し、「貢献しなくていい」と考える割合を11.7ポイント上回っています。自分は金銭的に貧しいと考える Z 世代に限っても、24.6%が「貢献したい」意向を示しました。所得の多寡に関係なく、自分の消費行動をソーシャルグッド（社会貢献）につなげたい意識が垣間見えます。同調査で紹介された「都内の女子大生（19）」の言葉は印象的です。「サステナブルやエシカルという言葉をよく聞くけど、私たちの生活では当たり前」（日経クロストレンド「『高くても社会貢献できるなら買う』　エシカルを楽しむ Z 世代」）

FIGURE 12

12 Z世代の価値観

SNSを使って
情報を発信・共有したい！

買い物は、高くても
社会貢献できる
ものを選ぶ！

所有より
経験を重視！

自分の価値観を
大事にしたい！

知名度より
共感できるか

Z世代の台頭は働き方にも影響をもたらすと考えられます。たとえば、条件や待遇で就職先を決めるのでなく、自分の価値観に合致した組織で働きたいと思う人が増えるでしょう。企業を選ぶ際にも、業績のみでなく「この会社はどのような社会的意義を持っているのか、社会においてどのような価値を生み出そうとしているのか」を考える傾向がみられます。

最新技術によるビジネスの変化

CHAPTER
2
6

デジタル技術などの活用により企業活動を変革するDXは、企業や業界のありかたを大きく変えています。こうした状況下で企業の存在意義を定義することはサバイバルの鍵となります。

1 IT活用による企業の変革

DX*の推進に伴い、ITの活用によって企業はどのように変革するのかに注目が集まっています。これもパーパス経営が注目されるようになった理由のひとつといわれています。経済産業省は、2018年12月に発表した「デジタルトランスフォーメーションを推進するためのガイドライン（DX推進ガイドライン）Ver. 1.0」において、DXを下記のように定義しています。

「企業がビジネス環境の激しい変化に対応し、データとデジタル技術を活用して、顧客や社会のニーズを基に、製品やサービス、ビジネスモデルを変革するとともに、業務そのものや、組織、プロセス、企業文化・風土を変革し、競争上の優位性を確立すること」

2 企業や業界のありかたが根本から変化

DXは企業にとってより効果的なマーケティングの立案、実施などに役立つ頼もしいツールである一方で、企業や業界に複雑な変化をもたらします。たとえば、以前であれば金融関連の情報は顧客の側で（顧客の独力で）得ることはできなかったため、営業職員の存在が必要となっていました。ところが、今日、顧客はほしい情報をオンラインで得ることが可能です。そうなった場合に、顧客にとっ

* **DX** Digital Transformation の略。デジタルによるビジネス変革のこと。

て価値あるサービスとは何でしょうか。ビジネスそのものの必要性が問われます。

　業種によっては、消費者が（企業からサービスの提供を受けず）オンラインによってすべて解決できてしまうケースも考えられます。企業や業界そのもののありかたが根本から変化を求められているともいえるかもしれません。

　パーパスによって、社会における企業の存在意義を定義することは、そうした状況への解決策のひとつとなりえます。

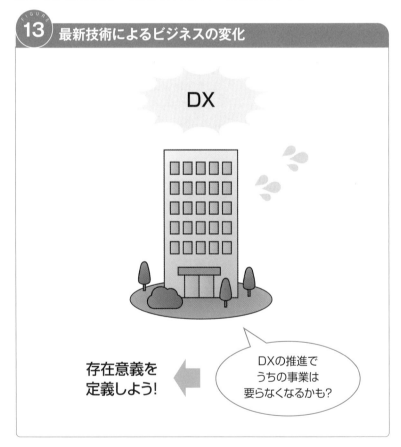

FIGURE
13 最新技術によるビジネスの変化

DX

存在意義を
定義しよう!

DXの推進で
うちの事業は
要らなくなるかも?

VUCA の時代

VUCAはもともと軍事用語として発生した言葉ですが、2010年代に入ると、昨今の変化が激しく先行き不透明な社会情勢について使われるようになりました。

1 先行きが不透明かつ複雑で将来予測が困難であること

VUCA とは「先行きが不透明で、状況を作る様々な要素が複雑に絡み合い、将来の予測が困難であること」を意味します。次の4つの単語の頭文字をとった造語で、もともとは1990年代後半に生まれた軍事用語でした。

V（Volatility：変動性） 変化のスピードが想像以上に早く、未来の予測が難しいことです。たとえば Uber の登場が産業構造を激変させたように、新たなサービスが既存産業を危機に追いやることもあります。

U（Uncertainty：不確実性） 新型コロナウイルスの感染拡大やロシアのウクライナ侵攻は記憶に新しいところです。気候変動や自然災害もあいまって、ビジネスをとりまく状況が今後どうなるかは予測困難となっています。従業員をめぐる状況も、終身雇用制度の終焉や複業の解禁など、不確実性は高くなっています。

C（Complexity：複雑性） たとえば今日のサプライチェーンは、それぞれの工程で国内外の数多くの企業がかかわっています。個人が同時に様々な組織やコミュニティとかかわり合いを持つようになったことで、ビジネスの複雑性も増しています。

A（Ambiguity：曖昧性） 近年、因果関係が説明できない出来事

が増えています。過去の成功例から導き出されたメソッドでは通用しなくなっています。上記の変動制、不確定性、複雑性といった要素も加わり、いつまでも実施可能で確実な事業戦略は現実味がないといえるかもしれません。以前であれば頼りになった競争戦略も、場合によっては逆効果となることもありえます。

② 自社の方向性を示す際にぶれない基軸となる

　先の展開を予想することが不可能な時代、企業は情勢変化に合わせて臨機応変に対応し、イノベーションを生み出すことが求められます。社内外の関係者に対して、自社が進むべき方向性を示し、理解や共感を得る際に、ぶれない基軸として鍵となるのがパーパスです。

【富士通の事例】

　富士通 Employee Success 本部長の阿萬野晋氏は、VUCA 時代に富士通が進める変革というテーマのインタビューにおいて、次のように語っています。

　「（危機意識が薄く新しい事業領域にシフトやフォーカスできない）状況が続けば、グローバルで生き残れないのでは」と感じていた2019年、代表取締役社長に就任したのが時田です。「IT 企業からデジタル変革（DX）企業への転換」を宣言し、全社をあげての変革がスタートしました。（中略）…時田は、グローバルの約13万人の社員に向け、私たち富士通の存在意義（パーパス）として、日々このようなメッセージを発信しています。

　「イノベーションにより社会に信頼をもたらし、世界をより持続可能にしていく——我々のすべての活動はこのパーパスに立脚し、これを実現するために行う」

　阿萬野晋氏の言葉からも、従業員のマインドセットを変革し、行動を変える際に、パーパスという共通言語はきわめて重要な意味を持っていることがわかります。

　なお、VUCA の時代に有用とされているのが、**OODA ループ**です。PDCA サイクルは比較的時間に余裕があり予測不可能なほどの状況変化がないことを前提としたフレームワークであるのに対して、OODA ループは変化のなかで的確に状況判断し実行に移すための思考法です。

　Observe（観察・見る）→ Orient（状況判断・わかる）→ Decide（意思決定・決める）→ Act（実行・動く）という流れで行います。このように、実行して終わりでなく、結果を再び観察し、OODA のプロセスを繰り返します（ループさせます）。

FIGURE 14 　VUCA の時代

VOLATILITY 変動性	UNCERTAINTY 不確実性
COMPLEXITY 複雑性	AMBIGUITY 曖昧性

明治時代のパーパス経営

ピーター・ドラッカーの*Management*序文に次のような文章があります。

「経営の社会的責任について論じた歴史的人物の中で、かの偉大なる渋沢栄一の右に出るものを知らない。渋沢は世界のだれよりも早く、経営の本質は責任にほかならないと見抜いていた」

事実、ドラッカーは渋沢栄一を非常に高く評価していました。*Management: Tasks, Responsibilities, Practices*(翻訳：『マネジメント──務め、責任、実践』日経BP)にも次のように書いています。

「渋沢栄一は、1870年代から80年代にかけていちはやく企業と国家の目標、企業のニーズと個人の倫理との関係という本質的な問いを提起した。日本は20世紀に経済成長をとげたが、渋沢栄一の思想と業績によるところが大きい」

渋沢栄一への評価は*The Age of Discontinuity: Guidelines for Changing Society*(翻訳：『断絶の時代』上田惇生訳、ダイヤモンド社)にも見られます。

「岩崎弥太郎と渋沢栄一の名は、国外では、わずかの日本研究家が知るだけであるが、彼らの偉業は、ロスチャイルド、モルガン、クルップ、ロックフェラーを凌ぐ。(中略)…岩崎と渋沢は、たんなる豊かな日本ではなく、創造力のある強い日本をつくろうとした。いずれも、経済発展の本質は、貧しい人たちを豊かにすることではなく、貧しい人たちの生産性を高めることであることを知っていた。そのためには、生産要素の生産性を高めなければならなかった。資金と人材の力を存分に発揮させなければならなかった」

ドラッカーが見たように、渋沢栄一は国家という枠組みで時代を見、事業を興しました。「自分はこれがやりたい」「これが儲かる」ではなく、その当時の日本にとって何が必要か、数年後、数十年後の産業・社会の姿を予測し、そのためにいま何をつくっておくべきかを考えて、企業を設立していったのです。

▼渋沢栄一が創設にかかわった主な企業

みずほ銀行	りそな銀行
東京海上日動火災保険	
T&Dフィナンシャル生命保険	
日本郵船	東日本旅客鉄道
帝国ホテル	三井物産
東洋紡	片倉工業
古河機械金属	王子製紙
日本製紙	沖電気工業
アサヒビール	サッポロビール
太平洋セメント	JFEスチール
東京製綱	IHI
川崎重工業	日産化学
東京電力	中部電力
東京ガス	大阪ガス
清水建設	大成建設
日本水産	澁澤倉庫

MEMO

パーパス経営を
実践するために

パーパス経営を実践するにあたっては、経営トップの関与
や全社での取り組み、社員の理解や共感などのポイントを押
さえる必要があります。本章では企業の事例を紹介しながら、
パーパス経営を実践する手順について解説します。

パーパス経営を実践するために必要なこと

パーパス経営の実践には、経営トップの関与、全社での取り組み、社員の理解、経営や事業の枠組みへの落とし込み、パーパスについて継続的に考える機会の創出が重要です。

1 パーパスを成功に導く5つのポイント

様々な企業での実践事例から、パーパス経営を成功に導く上で重要なポイントを5つ抽出することができます。

第1に、経営トップが関与すること。トップ自ら、本気でパーパスに取り組み、「自分たちはこのように社会に役立っていきたい」「一緒にこういう会社にしよう」と全社員に語れることが重要です。

第2に、全社での取り組みにすること。作業プロセスにおいて主な担当部局をつくるのはよいとしても、丸投げにすると他人事とみられがちです。

第3に、全社員が自分事として受け止め、共感することが鍵となります。頭で理解してよしとするのでなく、腑に落ちるレベルまで深く浸透させます。

第4に、経営や事業の枠組みに落とし込むこと。事業は、パーパス設定の延長線上にあるはずです。

第5に、全社的に、各人がパーパスについて継続的に考える機会をつくり、自分の業務に活かすよう促しましょう。

本章では、それぞれのポイントについて、実際の企業取り組み例を見ながら考えていきましょう。

2 ソニーの事例

　ソニーでは、グループの会長兼社長CEO（最高経営責任者）の吉田憲一郎氏自ら「ミッションを見直したい」と全世界11万人の従業員に呼びかけ、パーパスの策定に着手しました。事業領域が多様化し、業績が回復しつつある転換点に、企業としての存在意義を見直すべく、問いと対話を重ねたといいます。世界中の従業員から意見を募り、対話を繰り返したほか、各事業部門のトップと吉田氏が議論するなど、パーパスの策定に半年ほどを費やしたといいます。パーパスの浸透に関しても様々な工夫を凝らし、ポスター制作、CEOの思いを綴ったレターの配信、理解促進目的のビデオ作成のほか、各事業のマネジメント層に対してCEOから「事業戦略を語るときは、必ずパーパスと関連付けて話してください」と依頼しました。社内のウェブサイトでは、「パーパスをあなた自身に置き換えるとどうなるのか」「日々の業務の中でどう実践しているのか」をインタビューした記事を公開しています。

　ソニーグループのシニアアドバイザーである平井一夫氏は、『ハート・オブ・ビジネス』に寄せた日本語版序文で次のように記しています。

　「ここで強調しておきたいのは、どんなパーパスであっても、その原動力は常に「人」だということだ。ソニーが大切にし続けている「KANDO」はいつも、人から生まれていた。会社がいくら崇高なパーパスを掲げても、従業員一人ひとりが持つパーパスと結びつかなければヒューマン・マジックも情熱のマグマも呼び起こされない」

　平井氏はさらに著者ジョリー氏の言葉を引用して次のように述べています。「人はリソース（資源）ではなくソース（源泉）であるとユベールは言っている。人こそが会社にとってのソースであり、

人が文化をつくり、事業をつくり、パーパスを実現する原動力となる。そして、その一人ひとりの人間にも固有の願いや夢がある。それらを実現するために私たちは働くのだと」。（同書7ページ）

　パーパスを軸として、リーダー、従業員、組織、事業、すべてが深い部分でつながる企業の姿がここにあります。

　上記5項目のほかに、考えておくとよい事柄があります。

　組織がパーパスを設定する前から、トップがそのパーパスをみずからの信念としており、日ごろから行動に反映させていれば理想的です（第6章および第7章7節で紹介した事例をご参照ください）。

　さらに従業員個々の信念、パーパスと、組織のパーパスが一部であっても符合することも、パーパス経営の実践・成功に重要です。

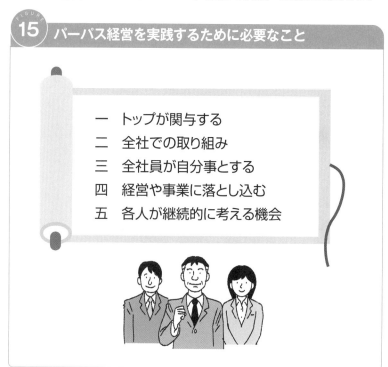

FIGURE
15　パーパス経営を実践するために必要なこと

一　トップが関与する
二　全社での取り組み
三　全社員が自分事とする
四　経営や事業に落とし込む
五　各人が継続的に考える機会

2 パーパス経営の実践ステップ

パーパス経営は、トップや中核メンバーによる前提の整理、コアチームの設計、深堀と言語化、組織への浸透、事業への活用や社会貢献といったステップを踏まえ実践します。

1 5つのステップで実践する

ここでは、パーパス経営をどのようなステップで実践していくかを見ていきましょう。

第1のステップは、トップおよび中核メンバーでパーパス設定の前提を整理することです。なぜパーパスを導入するのか、このパーパスで会社をどうしたいのかといった現状認識、課題の把握も重要です。この段階で急いでしまうと、結果的に、従業員にとっても腑落ちしづらく、つくって終わりのパーパスになってしまいます。

第2のステップは、**コアチーム**の設計です。これには、①トップが立ち上げから設定、普及、以降のパーパス関連活動に深く関与する場合、②トップがパーパス導入について立ち上げを指示し、実際の活動は経営企画部、人事部など部門の長、メンバーが行う（定期的にトップに報告し、判断や指示を得る）場合、③経営企画部や人事部などの長・メンバーが主体となって活動を行い、トップは重要な局面において参加する場合などがあります。

ほかにもコアチームの設計方法は様々に考えられます。また、どの方法が最適であるかは組織によって異なります。自分の会社にとってふさわしい形を選びましょう。

第3のステップは、パーパスをめぐる深掘りと言語化です。ここで重要なのは、パーパスの言語化が先ではない、ということです。パーパスは、よい（ふさわしい、恰好いい、字面が美しい、など）文言を造ることではありません。まずは創業時の思いや既存の理念、ミッションを見つめ直し、会社の「来し方」、歴史をひもとくことから始めるべきです。

　第4のステップは、パーパスの組織への浸透です。全社員がパーパスを理解し、自分事として各自の業務に活かすことができるよう、一度の取り組みで終わりでなく、継続的に機会を設けることが求められます。

　第5のステップは、パーパスを事業に活かし、社会貢献につなげることです。これにはステークホルダーの協働が不可欠です。

② 味の素の事例

　味の素は、40名弱の執行役員が2年間かけて何度も合宿を行い、存在意義の定義に取り組みました。「味の素の存在意義は〈食と健康の課題解決〉である」と定義したのち、さらに2年かけて、グループビジョン「アミノ酸のはたらきで食習慣や高齢化に伴う食と健康の課題を解決し、人々のウェルネスを共創します」に落とし込みました。

　パーパスやビジョンの深いレベルの理解を得るため、従業員との対話を重ねました。そこで従業員から出された問いには熱意をもって応え、「自分事化」を促していきました（参考：DIAMOND ハーバード・ビジネス・レビュー「味の素・西井社長は「パーパス経営」実践のために何を行ったか」）。

パーパスを設定した時点で7割がた終了、と思われがちですが、実際には浸透および継続的な事業化までつなげることがパーパスの最重要ポイントです。浸透や事業化についても、促進するための制度の策定でよしとせず、制度の実効性を高めるアプローチを考えていきましょう。

昨今は、パーパスを掲げる企業が増えつつあります。消費者側にしてみれば「この企業はどこまで真剣なのか」「言葉だけでなく、実践しているか」について厳しい目を向けることになります。結局のところ、外部からみて納得のいくパーパスとは、事業に結びついたパーパスであり、従業員一人ひとりがその実現に向かって努力しようとしているパーパスであるともいえるでしょう。

FIGURE 16 パーパス経営の実践ステップ

組織への浸透

深掘りと言語化

事業に活かし
社会貢献

コアチームの設計

前提の整理

CHAPTER
3

3 パーパスの設定

パーパスはゼロから創り出すのではなく、既存の理念・価値観を分析し、自社のありようを検討し直した上で設定することが重要です。

1 理念体系との整合性が必要

パーパスの設定に重要なのは、既存の理念・価値観を分析し、これまでのありようをきちんと検討し直すことです。パーパスは理念体系と整合性がなければ説得力がありません。

また、実際に会社がこれまでどのように成長してきたか、どのような課題に取り組んできたか、どのようにお客様の役に立ってきたか、ステークホルダーとどのような関係を取り結んできたかといった事柄も考える必要があります。パーパスはゼロから創り出すものではなく、すでにあるものから抽出し、深掘りし、磨き、練っていくものだからです。

2 ライオンの事例

ライオンは「より良い習慣づくりで、人々の毎日に貢献する (ReDesign)」をパーパスに掲げています。同社ウェブサイトには、このパーパスが会社のこれまでの歴史、社会(課題)とのかかわり、「生活課題」解決の努力に根差したものであることが記されています。

1891年にライオンの前身である小林富次郎商店が創業、それ以来同社は「より良い習慣づくり」を通じて、人々の健康で快適、清潔・衛生的な暮らしに役立つ企業を目指し、長きにわたり「事業を通じて社会のお役に立つ」ことを変わらぬ使命としてきました。オーラ

ルケア分野では、1896年に「獅子印ライオン歯磨」を発売、その後も日本初の児童歯科院の設立や歯科衛生士の養成、「全国小学生歯みがき大会」を開始するなど、日本のオーラルケア習慣の発展に貢献してきました。洗濯関連分野においても、室内干し習慣に適した機能を持った洗剤の提供やプラスチック使用量の少ない製品のコンパクト化、詰め替え容器の普及等地球環境の保全にも取り組んできました。

衛生習慣づくりについても、日本のみならずアジアにおいて、『キレイキレイ』を通じて、各国の生活習慣に適した形で手洗い習慣の浸透を推進しています。ライオンは人々の健康、快適、清潔、衛生に資する習慣提案とともに、そこで使われる様々な生活必需品の提供を通じて事業を発展させてきました。当社の強みはまさに人々の習慣づくりに必要な多様なケイパビリティ（組織的な強みや能力）を長期にわたる活動を通じて蓄積していることにあります。

同社はこれまで社会に貢献してきた「習慣」をキーワードに、まさに現在コロナ禍におけるパーパスの意味、サステナブルな社会実現における可能性にも触れています。

3 大和ハウスの事例

大和ハウス工業では、パーパス策定にあたり、「創業100周年を迎える2055年に向けて、創り出したい社会と自分たちが果たすべき役割をセットにして "将来の夢" として位置付けていこうとしている」と説明しています。この「夢」という言葉は、実は創業時から大切にしてきた言葉であり、「創業の精神を現代に置き換えていくこと」に重点が置かれています（参考：サステナブル・ブランド ジャパン「社員一人ひとりに根付くパーパス　大和ハウス、SOMPO、横河電機の取り組みとは」）。

FIGURE 17 パーパスの設定

自分たちの価値観を
深掘りしよう

創業者の志は?

パーパス設定中…

これまで実践してきた
ことを整理しよう

どんな課題にどのように
取り組んできた?

言語化を急がないこと、
恰好よさを求めないことが大事!
パーパスはゼロからつくりだすものではなく、
「ある」ものから

腑に落ちるパーパスとは

パーパスの設定にあたっては、ステークホルダーが深く共感できるよう、実際に行ってきたことや社会貢献の実感が持てることを、親しみのある言葉で表現することが必要です。

1 自分たちにとって親しみのある言葉で表現

「腑に落ちる」とは、ステークホルダー（特に従業員）が理解、納得するだけでなく、まして暗記でもなく、パーパスに深く共感できることを意味します。

そのためには、「実際にやってきたこと、やっていること」「社会に役に立っているという実感が持てること」を、自分たちにとって親しみのある言葉で（過剰に飾るのでなく）表現していることが重要です。

2 サイバーエージェントの事例

サーバーエージェントは2021年10月に「新しい力とインターネットで日本の閉塞感を打破する」というパーパスを策定しました。代表執行役員　社長の藤田晋氏はパーパス決定のプロセスについて、次のように語っています。

「（パーパスの策定が取締役会で議題に上がって以降）いくつもの言葉を検討し、その過程で他社のパーパスやミッションもたくさん確認してみたのですが、借りてきた言葉には嘘くささを感じました。また、たとえそれが会社の理想だとしても、組織として実態を伴っていないものを掲げるべきではありません。自分自身が腹の底から納得できる言葉でなければ社員にも響きませんから、実際に決定す

るのは難しい作業でした。（中略）…最終的にいくつかの候補に絞りこみましたが、決め手になったのは、取締役会の議論の中で中村さん（社外取締役）が「閉塞感を打破するという言葉はいいね」と言ってくれたことです。まさにサイバーエージェントが社会に果たすべき役割として求められていることであり、これまで実際にやってきたことでもあるので、新しい力とインターネットで日本の閉塞感を打破する」というパーパスが決まりました。

　サイバーエージェントらしい言葉で、自分たちの腹の底から出てくるような言葉を探していたら、最後は自分がずっと言ってきた内容に落ち着きました。

　（中略）…実は、2021年の入社式で、「若い力とインターネットで、日本の閉塞感を打ち破る」というメッセージを伝えています。その時の反応が良好で、「若い力」を「新しい力」に変えたものが現在のパーパスです。社員の心に響かない言葉を掲げても意味がありませんから、このときの若い社員たちのリアクションはリトマス試験紙となり、もうひとつの決め手になったともいえます」（『DIAMOND ハーバード・ビジネス・レビュー』2022年6月号81ページ）

FIGURE 18　腑に落ちるパーパスとは

頭で理解できる、というレベルでなく深く共感できることが重要

借り物でなく、実際にやっていることを自分たちにとって親しみのある言葉で!

パーパスの自分事化

腑に落ちるパーパスが設定できたら、各自が主体的に取り組んでいくことが求められます。そのためには社員が自分事化しやすくなるような工夫も必要です。

1 仕事の方向性の再検討や新しい取り組みが重要

パーパスが腑に落ちたら、次はそれを自分の価値観、パーパスと共鳴させ、自らがそのなかでどのように動くかを主体的に考えるフェーズです。

パーパスは作ること自体が目的なのではありません。各自が、パーパスに則っていまの仕事のやり方や方向性を考え直したり、新たな取り組みを考えたりすることが重要です。

ここでじっくり時間をかけることが求められます（自分事として定着するには最低5年かかるともいわれます）。たとえば部門横断的なワークショップを行い、パーパスについて自分（たち）はどのように貢献できるかを話し合ったり、1 on 1で個人が自分のパーパスと組織のパーパスを重ね合わせ、自分の業務内容や目標がパーパスの実現にどうつながるかを話し合ったりする方法があります。

こうしたフェーズにおいて、社員のパーパスの自分事化に成功した事例を紹介します。

2 味の素の事例

味の素社長・最高経営責任者・西井孝明氏は、パーパスを各自が行動に落とし込む自分事化のプロセスについて、インタビューで次のように語っています。

「パーパスやビジョンを腹落ちして理解してもらうために、従業員との対話を重ねました。そこで多く聞かれたのが、『食と健康の課題解決』という志には賛同するけれど、プロフィットの部分はどうするのか、という声です。つまり、論語と算盤をどう両立させるか、です。論語と算盤は一見、二律背反の関係にありますが、両者を融合させたときにイノベーションが起こるということを、従業員に熱意を持って訴えました。

　当社で行ったエンゲージメントサーベイによると、ビジョン実現のために自分は貢献できていると実感している従業員は64％です。まだ道半ばといったところですが、さらに対話を重ねながら、ビジョンを自分事化した従業員を一人でも多く増やしていきたいと考えています。

　（パーパス経営を自分事化するために）従業員エンゲージメント向上のためのマネジメントサイクルを回しています。私と各本部長との対話を起点に、組織・個人目標を設定し、個人目標発表会も行います。昨年は全42組織で実行しました。

　次に、ベストプラクティスを社内SNSで共有し、1年に1回、社外有識者や社外取締役の皆さんが審査員を務める「ASV＊アワード」という形で表彰。さらにエンゲージメントサーベイを実施するという一連のサイクルを回していくものです。なかでも、個人目標発表会は非常に効果的です。組織のトップがいる前で、新人からベテランまで全員がプレゼンテーションを行うのですが、自分がやっていることを他の人に聞いてもらうと同時に、他の人が何をやっているのか、組織全体としてどこに向かっているのかを理解することができるからです」（DIAMOND ハーバード・ビジネスレビュー「味の素・西井社長は「パーパス経営」実践のために何を行ったか」）

＊ **ASV**　Ajinomoto Group Shared Value の略。

3 富士通の事例

　富士通では、存在意義として「わたしたちのパーパスは、イノベーションによって社会に信頼をもたらし世界をより持続可能にしていくことです」と掲げています。同社では、パーパスを実現するために、2021年、新たに評価制度 Connect を導入しました。パーパスを起点にマネジメント層がビジョンを描き、そのビジョンに向けてどれだけのインパクトを与えたかが評価されます。個人のパーパスを起点に、どれだけ成長したかも評価の対象です。組織のパーパスと従業員個人のパーパスが別個のものでなく、すべてつながっていること、組織としてのパーパスが個人やチームの単位で実際の行動・仕事に反映されている、ということが実感として共有される組織が目指されています。

FIGURE
19 パーパスの自分事化

・パーパスを腹落ちして理解する
・組織のパーパスが自分のパーパスとつながっている
・自分は組織のパーパス実現にどのように貢献できるのか？
・全社で共有

CHAPTER

3
6

パーパス・ウォッシュの陥穽

> パーパスを設定しながらも実際の事業展開とずれが見られる場合などに、パーパス・ウォッシュとみなされることがあります。パーパス・ウォッシュは企業の信用低下やイメージダウンにつながるおそれがあります。

1 うわべだけ取り繕っている企業を表す言葉

パーパス・ウォッシュは、「ごまかしや粉飾」を意味するホワイトウォッシュ（whitewash）と「パーパス」を組み合わせた造語です。

もとになったのは、**グリーンウォッシュ**（greenwash）という言葉ですが、これは1980年代、環境問題に取り組んでいるふりをして、うわべだけ取り繕う（消費者をだます）企業に対する批判から生まれました。

SDGs ウォッシュという言葉もあります。SDGs 目標の達成に向けて取り組んでいるように見えるが、書面のみにとどまり、（継続的な）実践につながっていない場合がそれにあたります。

2 ステークホルダーの信用や企業イメージの低下につながる

パーパス・ウォッシュは、パーパスを制定しながら、それが抽象的な言葉にとどまっている場合、実態を伴わない、特に企業の事業展開（事実）とずれが見られる場合などが挙げられます。企業のこれまでの取り組み、社会（課題）との関わりに照らしたときに整合性に欠ける、あるいは企業の事業内容やビジョン、長期計画とパーパスが合致していない、といった場合もパーパス・ウォッシュと批判される可能性が高いです。

　一概にはいえませんが、パーパスの制定が一部の従業員に任され、全社的レベルでの理解が遅れがちである、あるいはそもそもパーパスの導入が外発的動機によるものであると、そうした問題が起こりやすいようです。

　パーパス・ウォッシュとみなされると、ステークホルダーからの信用が失われ、企業イメージの低下など、ダメージを受けます。場合によっては炎上する可能性もあります。ESG 投資の面からもマイナスの影響は不可避となりえます。

　従業員の**モチベーション**やエンゲージメントにも大きくかかわります。従業員はパーパスを理解し、ともに共有し、その前提に立ってどう行動するかをみずから考えることが期待されますが、パーパスが表面的な「ふり」にすぎないと感じると、企業へのコミットメントやアイデンティティ、ロイヤルティは低くならざるをえません。

　パーパス・ウォッシュとみなされやすい事例は次のとおりです。

・企業の理念、ミッションとずれがある
・表現に誇張があり、抽象的である
・社内がパーパスをよく理解していない、浸透していない
・パーパスと実際の事業が符合していない
・パーパスが以降の企業活動に影響を与えていない

実際の事業展開に合った
パーパスの設定を!

FIGURE
20 パーパス・ウォッシュの陥穽

社内全体でパーパス・ウォッシュのリスクについて認識することが重要です。自分たちはどのような社会的課題に対してどのように解決しようとしているかを常に意識し、目標達成への具体的な道筋や道程を随時共有することで、安易に言葉だけが先走る状況はかなり防げるはずです。

レジェンド経営者の語る
パーパス経営

　京セラの創業者であり、数多くの企業家、経営者らから尊敬を集めている故・稲盛和夫氏は、経営理念として「全従業員の物心両面の幸福を追求すると同時に、人類、社会の進歩発展に貢献すること」を挙げています。

　京セラは、「自然との共生」「社会との共生」「世界との共生」をベースに企業活動は行われるべきだとする思想を明確化しています。

　「自然との共生」とは、企業には自然環境の循環系を乱すような経済行為ではなく、共生と循環のバランスを重視する倫理観に基づく活動が求められるとするものです。「社会との共生」とは、従業員、お客様、株主、取引先のみならず、社会全体に満足を提供してこそ、長期的な繁栄を続けられるという考え方です。また「世界との共生」とは、企業のグローバル化においては、それぞれの土地の文化や歴史を深く理解し、その地域の発展に貢献すべきということです。

　「動機善なりや、私心なかりしか」の言葉もよく知られています。第二電電 (現KDDI) 設立にあたり、稲盛氏はこの言葉を自問自答し、判断に至ったといいます。これは、自分の利益や都合ではなく、周囲からその動機が受け入れられるものでなければならない、ということです。仕事を進めるなかでも、自己中心的な発想になっていないか点検せよとも言われています。事業の目的は自社中心、自己中心でなく、社会において善いものと認められることが必要である——パーパスの原点であるといえるかもしれません。

　パナソニックの創業者、松下幸之助氏が遺した有名な言葉に「企業は社会の公器」があります。松下幸之助氏は、その具体的な考え方について次のように述べています。

　「会社経営には人、モノ、カネが必要であるが、これはすべて「公のもの」。そうであるとすれば天下の人、物、金を預かって営む企業というものは、これまた天下のものと考えないといかん。個人のものとは言えんな。公のもの

ということになるわな。そうであるとすれば、企業は社会のため、世間の人たちのため、役に立つような働きをしないといかんということになる。だから、われわれの会社は個人の会社ではなりません、公の、天下の会社であります、われわれは個人のために仕事をするのではない、われわれ自身だけのために経営をしているのではない、社会の人びとのため、社会の発展のため、人びとの幸せのために仕事をするんです、と」（東洋経済オンライン「松下幸之助は「企業は天下のもの」と考えた」）

　社員も、自分は社会のために働いているのだと考えるようになり、仕事にいっそうの誇りを持ち、より一生懸命仕事に取り組む、というのです。

▼レジェンド経営者の語るパーパス経営

稲盛和夫氏

・自然との共生、社会との
　共生、世界との共生

・動機善なりや、
　私心なかりしか

松下幸之助氏

・企業は社会の公器
　「社会の人々のため、
　社会の発展のため、
　人々の幸せのために
　仕事をするんです」

パーパス経営による
組織強化

　パーパス経営に取り組むことは、社員のエンゲージメント
の向上ややりがいの創出、組織文化の改革といった社内への
好影響をもたらします。本章では企業の事例を紹介しながら、
パーパス経営による組織強化のポイントについて解説しま
す。

パーパスで社員を巻き込む

パーパス経営は社員のやりがいやエンゲージメントの向上などの好影響をもたらします。こうした効果はイノベーションにもつながります。

1 一人ひとりができることを考える

パーパス経営が社内に及ぼす効果として大きいのは、社員が自分の企業の存在意義を共通の言葉で理解できることです。社会において自分たちがどのような役割を果たしているのか知ることは、やりがい、エンゲージメントの向上につながります。

新型コロナウイルスの感染拡大やウクライナ紛争、また急激な技術革新や新たなビジネスモデルの登場など、不確定要素の多い今日にあっては、これまでの枠組みを踏襲していては対応しきれません。イノベーションを起こすには、社員一人ひとりがパーパスを腑落ちしたうえで、「自分は何ができるか」を考えることです。

2 ベネッセの事例

ベネッセコーポレーションは「建物のない学校をつくりたい」という創業者の思いからスタートしました。拡大していくなかで、社員を巻き込んだ取り組みも実施されていきますが、その契機について経営推進部部長・富川麻衣子氏は次のように話します。「2018年頃から、教育改革の変更など学校や子どもたちを取り巻く環境の変化が大きくなり、同時に教育業界にもDXの波が押し寄せていました。そうした不安定な状況下でベネッセの商品・サービスを選んでいただくには、機能だけでなく、ベネッセとして何を目指し、提

供していくのかが大切になる。そのベネッセらしい思いや姿勢、熱量をブランドストーリーとして社内外に発信し、お客様から共感・信頼をいただくとともに、社員にとっても大きな道標にしていこうという活動が、経営も巻き込んで始まったのです」

そして、全社レベルでの検討が始まりました。2020年2月、社員に発表したパーパスが「社会の構造的課題に対し、その解決に向けてどこよりも真摯に取り組んでいる姿勢に共感できる存在」「自分が一歩踏み出して成長したいと思ったときにそばにいてほしい存在」です。さらにパーパスの実現に向けて日々の業務における判断基準である「ベネッセイズム」を制定しました。富川氏によると、全社発信や施策の内容はすべてパーパスの実現とイズムの実践を軸に展開しているといいます。

パーパスが社内にもたらした効果について、富川氏は次のように述べています。「パーパスにかかわる活動がメディアやSNSなどでも評価されたことで、社員にとってパーパスとイズムが確固たるよりどころとして確信を持てた点も、浸透と体質化において大きな一歩になったと考えています」(CCL.「ベネッセがパーパスを経営・事業活動の軸に据え、浸透・体質化を積極的に推進」)

FIGURE 21 パーパスで従業員を巻き込む

自分たちの存在意義が共通の言葉で理解できる!

やりがい向上!

自分は何ができるかを考えよう

パーパス経営を成功させる
リーダーシップ

パーパス経営を成功させるためには、言葉に嘘がなく、自分の信念や価値観から行動するオーセンティック・リーダーの存在が不可欠です。

1　パーパスフル・リーダーの要素

　パーパス経営におけるリーダーシップについて書かれた『ハート・オブ・ビジネス―「人とパーパス」を本気で大切にする新時代のリーダーシップ』（英治出版）では、**パーパスフル・リーダー**のエッセンスを次のように説明しています。

---

①自分と周囲の人々のパーパスを理解し、それらと企業のパーパスの結びつきを明確にする

②リーダーとしての役割を明確にする

③誰に仕えているかを明確にする

④価値観を原動力にする

⑤偽りのない自分になる

　著者ユベール・ジョリーは、⑤の「偽りのない自分になる」が最も難しい、と述べています。ありのままの自分、弱い自分をさらけ出すことにもなるからです。

　実際のところ、パーパス経営の実践には、言葉に嘘がなく、自分の信念や価値観から行動するリーダーが不可欠です。それが**オーセンティック・リーダー**、予測不可能な時代に求められるリーダー像です（オーセンティックは「本物の・真正の」を意味します）。オー

センティック・リーダーは、自らの信念と価値観を大事にし、高い倫理性をそなえ、自信にあふれ、自分の目標に向かって情熱を持ち、ぶれずに取り組みます。

2 オーセンティック・リーダーの5つの特性

オーセンティック・リーダーは2003年、ハーバードビジネススクール教授ウィリアム・W・ジョージ氏が提唱したことで広まりました。オーセンティック・リーダーシップは次の「5つの特性」が必要であるとされています。

> ・自分の目標を明快に理解する
> ・自身のコア・バリューに忠実である
> ・情熱的に人をリードする
> ・人とリレーションシップを構築する
> ・自身の規律を守る

外から見てこんなパーパスのほうが恰好いいから、他の会社はこうしているから、あるいは先にスケジュールを決めたから…などでなく、あくまで自分の信念、価値観を基底にしている点が重要です。さらに自分の信念と会社の信念が符合することも必要です。ブレなく組織をリードすることです。

パーパス経営を実践し組織を成長させるには、フォロワーとコア・バリューを共有し、自己開示によってフォロワーと信頼関係を築くことが求められます。部下が自分で問題に取り組み、考え、ポジティブな行動に移すには、信頼できるリーダーが必要なのです。

「パーパスフル・リーダー」のエッセンスを明らかにしたユベール・ジョリー（前掲）は、「自分がどんなリーダーになりたいかは自由に

選べる」と記しています。その上で、どんなリーダーになりたいか
を選択するにあたっては、「何が自分を突き動かしているだろう？」
「未来に何を残したいだろう？」「どうすれば道から逸れずにいられ
るだろう？」という3点から考えよう、と提言しています。

　自分を突き動かす信念に正直でブレないリーダーが情熱的にパー
パスを伝え、組織を動かそうとする場合、中間管理職も大きな役割
を帯びます。ミシガン大学ロススクール・オブ・ビジネス名誉教授
ロバート・E・クイン氏とセントルイス・ワシントン大学オーリン・
ビジネススクール教授アンジャン・V・セイカー氏は、「パーパスを
自分のものとして深く理解し、偽りなく自らのパーパスを語り、道
徳的な力で人々を率いる」中間管理職の役割に着目し、これまで中
間管理職に期待されなかったリーダーシップを発揮している、と指
摘しています。（『DIAMOND ハーバード・ビジネス・レビュー』
2019年3月号58〜59ページ）

FIGURE
22　パーパス経営を成功させるリーダーシップ

オーセンティック・リーダーとは
・自分自身の目標を理解している
・自分のコア・バリューに忠実
・情熱もって人・組織を前進させる
・人との関係性を構築する
・自身の規律を守る

3 従業員エンゲージメントを高める

パーパス経営がもたらす効果として、従業員が仕事に取り組む姿勢や熱意を表すエンゲージメントの向上があります。エンゲージメントが高まれば業績向上にもつながります。

1 エンゲージメントの高さは業績にも影響

従業員エンゲージメントとは、従業員が会社や自分の仕事に取り組む姿勢・熱意を表す言葉で、ひとつの尺度として用いられています。「エンゲージメントの高い」従業員とは、自分の仕事や会社の業績を自分事として捉え、責任を持って仕事に取り組む従業員です。こういう従業員の場合、仕事をするのは給料がほしいからではなく、昇進して社会的に上に立ちたいからでもありません。働くことそのものに意味を感じており、会社の目的を理解し、その目的のために自分も貢献したいと考え、会社に信頼と愛着、帰属意識を抱いています。

エンゲージメントの高い従業員がいることは、会社の業績にもよい影響を及ぼすことが明らかになっています。アメリカのコンサルティング会社タワーズ・ペリンの調査によれば、エンゲージメントの高い従業員がいる企業は純利益率が6%高いとされ、また同国のコンサルティング会社ケネクサの調査では、エンゲージメントの高い従業員がいる会社は株主利益率が5年間で5倍高かったことが報告されています。

従業員エンゲージメントの主な要素となるのは、①仕事や職場の人間関係に満足していること、②会社に対して身内意識を持つこと、③会社のゴール達成のために責任をもって取り組む姿勢、④この会

社に愛着を感じて骨を埋めようと思う忠誠心、⑤会社で期待を超える仕事をしていきたいと思う意欲の5つです。

2 スターバックスの事例

意外にも、スターバックスには顧客サービスに関するマニュアルは多くありません。マニュアルがなくても客に心のこもったサービスや配慮ある行動ができるのは、現場レベルでの従業員エンゲージメントが高いからだといわれます。

同社は実際に従業員のエンゲージメントを高める取り組みに力を入れています。従業員はスターバックスという会社と対等であり、尊重される存在であるという意味を込めて、「パートナー」という呼称が用いられています。

パートナーの教育・育成としては、会社のミッションやバリュー、パーパスを理解、共感してもらうことから始まりますが、その際に「組織の理念を学ぶ」のではなく、まず個人としての目標を各自に考えさせ、自分の目標と会社での働き方を重ね合わせた点から、スターバックスでの仕事を通じた成長目標を設定していきます。実行しやすいように具体的な文言に落とし込んだ目標について、数か月ごとに振り返りの時間が持たれます。こうした振り返りによって、従業員は自分の成長を実感することができ、さらにがんばろうという意欲が湧きますし、評価されていることで満足・喜びも得られる、お客様に対してさらによい接客ができて顧客満足度も上がる、という良いサイクルが回っているといえるでしょう。

FIGURE 23

従業員エンゲージメントの尺度

仕事に満足できているか

「自分の仕事を認めてもらっている」

「同僚に親しみを感じる」

「この会社で働くことでハッピーな気分」

勤務先が自分のアイデンティティとなっているか

「自分がこの会社で働いている、と自慢したい」

「誇りを感じる」

「この会社を家族のように思う」

「この会社について褒められるとうれしい」

仕事にコミットしているか

「会社のブランドをよく理解し、ブランドプロミスの実現に取り組む」

「会社の仕事は自分にとって意味がある」

会社への忠誠心を持っているか

「今後もこの会社で働くことに満足」

「この会社で働き続けたいのは、(お金のためなどでなく)
ブランドプロミスを実現したいという意欲から」

期待以上の仕事をしているか

「この会社には、がんばっていい仕事をするチャンスがあると思う」

出典：Kumar&Pansar の表をもとに作成

従業員のウェルビーイングに つなげる

身体的、精神的、社会的な健康を示す概念であるウェルビーイングは近年、経営学や経済学においても注目されています。パーパス経営の実践は従業員のウェルビーイングにも効果をもたらします。

1 経済学や経営学においても注目のキーワード

ウェルビーイング（well-being）とは、身体的、精神的、社会的な健康を示す概念です。以前は「幸福」「福利」などと訳されていましたが、最近ではhappinessの「幸福」との差異を明確にすることからも、あえてカタカナのまま表記されることが多くなりました。では、happinessとはどのように違うのでしょうか。セリグマンによる**ポジティブ心理学**では、happinessを感情的で刹那的な幸せとし、well-beingは持続する身体的・精神的・社会的に良好な状態である、としています。

セリングマンが提唱した**PERMAの法則**によれば、ウェルビーイングには以下の5つの要素から構成されています。

・**Positive Emotion**：楽しい、面白い、感動した、などのポジティブな感情
・**Engagement**：時間を忘れて積極的にかかわるものがある
・**Relationship**：他人と助け合うなどのポジティブな関係を築いている
・**Meaning and Purpose**：自分の人生の目的が明確である
・**Achievement/ Accomplish**：何かを達成すること

ウェルビーイングが注目された背景のひとつに、「第二次世界大戦以降の社会経済システムを見直し、人々の幸福を中心に考え直すべき」というダボス会議 (2021年) のテーマ・**グレートリセット**があります。さらに**ドーナツ経済学***をはじめ、ウェルビーイングは経済学や経営学においてもキーワードとなっています。マーケティングは顧客のウェルビーイングに向けられている、と主張する学者もいます。

2　積水ハウスの事例

　積水ハウスは企業理念を支えるひとつの柱「私たちの事業の意義」として「人間として豊かに感じ、快く感じ、安らぎを感ずるような住まい手本位の住まいの提供、快適で誇らしい街並や安全で利便性の良い環境、或は近代的で合理性のある都市開発等を創造する事は、当社の社会的使命を果たすゆえんであり、当社の存在の意義であると同時に当社従業員の誇りでもある」としています。

　さらに2020年に「『わが家』を世界一幸せな場所にする」というグローバルビジョンを打ち出しました。このビジョン実現のために「まずは従業員の幸せを追求することが大切」と、同年11月、同社はグループ全従業員の約2万7000名を対象に、「幸せ度調査」を実施しました。幸福経営学の第一人者として知られる慶應義塾大学大学院の前野隆司教授の監修により、従業員と職場の幸せを多面的に計測し、相関を分析するという試みは日本初といいます。自分の職場の幸せを「見える化」することで、従業員一人ひとりの幸せを追求していくための具体策につなげる考えです。

***ドーナツ経済学**　英国の経済学者ケイト・ラワース氏が提唱した概念。地球上の限られた資源をその範囲内で活用しながら平等な社会を実現するための方法論のこと。

FIGURE
24 従業員のウェルビーイングにつなげる

Relationship
他人とポジティブ
な関係

Meaning
&
Purpose
人生の目的

Engagement
積極的にかかわる
もの

PERMA の法則
ウェルビーイング
の 5 つの要素

Positive Emotion
楽しい、感動などの
感情

Achievement
達成する

インターナル・マーケティング

パーパス経営の実践は、社内に向けたマーケティングであるインターナル・マーケティングにもつながります。従業員のモチベーションや定着率向上への効果が期待されます。

1 従業員のモチベーション向上に効果

インターナル・マーケティングとは、社内に向けたマーケティングのことです。従業員のニーズやウォンツを満たし、満足度を高めるとともに、全社的な目標、パーパスを共有することで事業にポジティブな影響を及ぼします。特に従業員の組織に対するロイヤルティが向上し、仕事のモチベーションが高まり、定着率が高まることが期待できます。

インターナル・マーケティングは、**サービス・トライアングル**という概念がベースになっています。これは、企業、顧客、従業員(現場のサービス提供者)の三者をつないで三角形(トライアングル)を作るというものです。企業から顧客に対するエクスターナル・マーケティング、従業員と顧客間のインタラクティブ・マーケティング、企業と従業員の関係性がインターナル・マーケティングを指します。インターナル・マーケティングによって従業員満足度が高まればインタラクティブ・マーケティングの質向上につながり、結果として顧客満足度の向上につながります。

オムロンは、創業者の立石一真氏が制定した「われわれの働きでわれわれの生活を向上し、よりよい社会をつくりましょう」という社憲の精神に基づくパーパスの浸透を図り、インターナル・マーケティングに取り組んでいます。ポイントは、従業員が自らの立場で会社の理念・パーパスを昇華させ、日々の業務のなかで「自分は何のために働くのか」を意識すること、業務を通じて社会貢献することを促す仕組みづくりです。

従業員各自の取り組みをグローバルで共有し、広めるために「TOGA*」というプログラムを実施しています。TOGA は企業理念に基づくテーマを宣言し、互いに協力しながら取り組む活動です。各事業部の予選と地区予選を実施し、そのなかから代表として13のチームが本社のある京都でのグローバル大会に集まります。グローバル大会は日英中の同時通訳でライブ配信され、世界のオムロンの支社へ配信されます。TOGA を通じて、地域・職種を超えて社会的課題の解決、社会への価値創造について話し合う機会が作られ、毎年多くのテーマが世界中で宣言・実行されています。

TOGA は、2012年に企業理念の実践活動としてスタートしました。累計の参加人数は30万人を超え、従業員一人あたりのエントリー数も、年々増加しています。同社代表取締役社長 CEO・山田義仁氏は、TOGA について次のように語っています。

「オムロンには企業理念を実践した素晴らしい物語がいたるところにあります。私が TOGA を始めたのは、企業理念実践の物語の一つひとつを掘り起こし、共有することで、共鳴の輪を大きく広げたいと思ったからです。なぜならば、企業理念への深い理解と共鳴

---

* **TOGA** The OMRON Global Awards の略。

こそが、オムロン社員一人ひとりの情熱と潜在能力を引き出し、その可能性を解き放つからです。そして、その結果として、事業を通じて社会的課題を解決し、企業価値を向上させる。これこそがオムロンの企業理念経営です。これからも皆さんと一緒に、企業理念の実践に取り組んでいきたいと思います」（オムロンウェブサイト「オムロンの「パーパス」を見つめて新たな社会的な価値を創造」）

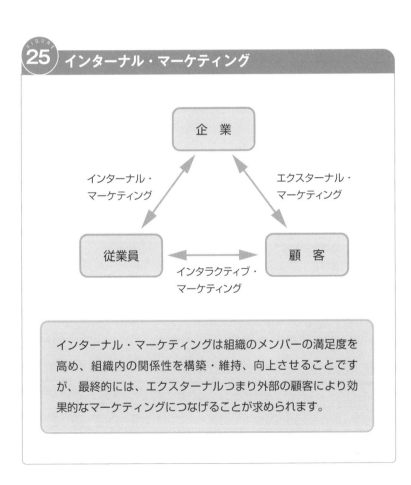

25 インターナル・マーケティング

インターナル・マーケティングは組織のメンバーの満足度を高め、組織内の関係性を構築・維持、向上させることですが、最終的には、エクスターナルつまり外部の顧客により効果的なマーケティングにつなげることが求められます。

企業文化とパーパス

企業ブランドを成功させるために必要な要素として「企業文化」があります。パーパス経営の実践においても、企業文化の理解や分析が不可欠です。

1 成功するブランドの要素となる「文化」

アイダホに本社をかまえる広告代理店オリバー・ラッセルの創業者ラス・ストッダードは、ピーター・ドラッカーの言葉「**企業文化は戦略に勝る**※」に賛同する、として、企業文化とパーパスについて以下のように述べています。

「会社の根幹にあるバリューとパーパスは、企業文化の土台だ。企業のバリューに基づいてパーパスを考えるということは、まさに企業文化を定義するということだ。したがって、日々の中で、バリューに基づいた行動をとることや企業のパーパスを実践することが重要になる」

さらに、成功するブランドの要素として明確さ、一貫性、特性、コミュニケーションのほか「文化」を挙げ、次のように述べています。「文化というのは、ブランド構築のための究極の戦略である。バリューやパーパスに基づき、意図的に形成されるものが文化だ。(中略)…企業文化の特性のひとつは、数値で計測しづらい点にある。企業文化はいくつもの無形資産でできている。だから、企業文化こそがブランドにとって重要性を持つのだ。その無形資産が積み重なることで、容易には真似できない企業文化が築かれる。(中略)…

※**企業文化は戦略に勝る** 原文は、Culture eats strategy for breakfast.

これこそが、成功するブランドの根幹にあるものだ」（サステナブル・ブランド ジャパン「企業文化は戦略に勝る：バリューとパーパスがカギ」）

2 外から見える文化と見えない文化

　そもそも企業文化とはどのようなものでしょうか。組織文化研究の第一人者であるエドガー・シャインは、文化を左の図のように3層に分類しています。

　第1層（表層部分）の人工物とは、オフィスビル、企業ロゴ、オフィスの内装など。外部の企業訪問者にも実際に観察可能なものです。

　第2層（中間層）は、組織内で言語化され信じられている価値観です。戦略、規範、フィロソフィー、ゴールなどがそれにあたります。

　第3層（深層部分）は、組織のメンバーの間で当然のこととされている暗黙の前提です。組織の核にあたるもので、組織の行動、認知、感性等に深く影響を及ぼします。

　シャインのモデルからわかるように、外から見える文化はまさに「氷山の一角」にすぎません。大事な部分、組織全体を動かす部分は水面下のレベルにあり、一筋縄にはいかないのです。この水面下の部分を放置したまま組織にパーパスを導入しようとしても、浸透しないで終わる可能性があります。組織がこれまでに培ってきた文化、歴史、信念、哲学を分析した上で、パーパスに取り組むことが大事です。

　ハーバードビジネススクール教授ジョン・コッターは、組織文化と企業のパフォーマンスの関係を明らかにし、「組織変革を導く8つのステップ」を挙げています。

①危機意識を高める

②変革推進のための連帯チームを築く

③ビジョンと戦略を生み出す

④変革のためのビジョンを周知徹底する

⑤従業員の自発を促す

⑥短期的成果を実現する

⑦成果を生かして、さらなる変革を推進する

⑧新しい方法を企業文化に定着させる

26 組織文化とパーパス

人工物
（可視）

信奉された信条
と価値観

基本的前提認識

第3層の、普段はあたりまえすぎて誰も意識しないような深層レベルの価値観を変えることは、非常に困難（ですが、不可能ではありません）。

出典：井村優・佐藤善信（監修）（2022年）『同族企業の5代目社長が挑む企業風土改革』（幻冬舎）177ページ

パーパス経営を採用・人事に活かす

企業がパーパスを打ち出して採用活動を行う「パーパス採用」が注目されています。採用事のミスマッチが起こりにくく、企業の成長やイノベーションにもつながりやすくなります。

1 成長やイノベーションにつながるパーパス採用

最近、採用の領域で注目されているのが**パーパス採用**、企業と求職者がパーパスでつながるという新しい採用のありかたです。企業の存在意義をパーパスとして言語化することで、価値観を共有できる人を採用する確率が上がります。

企業がパーパスを打ち出すことで得られるメリットとしては、従業員の側では、そもそも企業の理念や目標に共感を持っているため、自身の仕事に意義や誇りを見出すことが容易であることです。自分の価値観と企業の価値観を重ね合わせ、無理なく自分にとってやりがいのある仕事を生み出していけるでしょう。組織側としては、エンゲージメントの高い従業員を擁することで成長やイノベーションを起こしやすいと考えられます。

パーパス採用の背景にあるのがＺ世代の存在です。別項でも説明していますが、エシカルな商品、責任を持って生産された商品を選ぶ傾向があり、企業の社会貢献に対して敏感に反応します。このことから、採用の際に、企業の社会における存在意義＝パーパスを明確に示すことは、効果があるといえます。

　花王では、グループのパーパスである「花王ウェイ」浸透を徹底させています。採用時には、まずエントリーシートに志望動機、学生時代に力を入れたこと（ガクチカ）、自己 PR などのほか、花王の企業理念である「化王ウェイ」への共感や思いについて300字の記述が求められます。花王ウェイの重視について、同社人材開発部門キャリア開発部　採用担当・評価育成担当の久米夏子氏はこのように説明します。「入社後のミスマッチを防ぐためです。花王が目指していることと、本人がやりたいことが違うベクトルを向いているとお互いに不幸なので、選考では毎回必ず確認します。正解はないので、選考を受ける際の共通認識として『花王ウェイ』を知っていてくれればいい。共感してくれた学生の中で、チャレンジ精神のある人、倫理観のある人を見極めたい」（朝日学情ナビ「2021シーズン⑪ 花王《前編》「花王ウェイ」への共感確認　ポイントは倫理観と挑戦意欲【人事のホンネ】」）

　採用面接では、採用側から花王ウェイに関する様々な側面について、管理職が「個人として」話をすることもあるといいます。入社してからも、新入社員を含む従業員を対象としたセミナーやワークショップが開催されています。

　花王に入社するほとんどの従業員が、組織に加わる前に花王ウェイを目にするそうです。自分の価値観にあった会社の判断を知り、会社の価値観に自ら賛同して組織に加わり、そして花王ウェイ自体を深く理解することの重要性が反映されています（伊吹英子・古西幸登『ケースでわかる実践パーパス経営』日本経済新聞出版、168〜169ページ）。

27 パーパス経営を採用・人事に活かす

志望者側

自分の価値観に合う会社で働きたい！

自分のやりたいことを実現できる会社かどうか

purpose

purpose

企業側

パーパスの理解をベースにした採用面接で、

入社後のミスマッチを防ぐ

93

Column

Ikigai とは

　日本人にはおなじみの「生きがい」、この言葉はいまikigaiとして世界から注目されています。そのきっかけを作ったのは、ダン・ベットナー著 *The Blue Zones: Lessons for Living Longer From the People Who've Lived* (National Geographic) です。長寿で知られる沖縄の人たちに取材し、長寿の秘訣を「生きがい (ikigai)」と表現したことからこの言葉が広まりました。

　2017年には、エクトル・ガルシアとフランセスク・ミラージェスによる共著 *IKIGAI : The Japanese Secret to a Long and Happy Life* も出版され、注目がますます高まりました。同書では、ikigaiを「生きる意味は何か」「幸せな長寿の秘訣」の答えであり「毎朝起きる理由」とも表現しています。

　Ikigaiについては、左ページの図が知られています。この図は以下の4つの問から成ります。

・Are you doing something that you love?（好きなことをしていますか？）
・That the world needs?（世界から求められていることは？）
・That you are good at?（あなたが得意なことはなんですか？）
・And that you can be paid for?（そしてそれで稼げていますか？）

　Love（好きなこと）とNeeds（求められていること）が重なるところはMission（使命）です。NeedsとPaid for（稼げること）の重なるところはVocation（天職）です。Paid forとGood at（得意なこと）の重なるところはProfession（専門性）、Good atとLoveの重なるところはPassion（情熱）です。Mission、Vocation、Profession、Passionの4つの交点がikigaiとなります。

Ikigaiはウェルビーイングと深くかかわっています。企業のパーパスがそこで働く個人のパーパス、価値観と符合したとき、ikigaiの実現により近づくのではないでしょうか。

▼ Ikigai（生きがい）とは

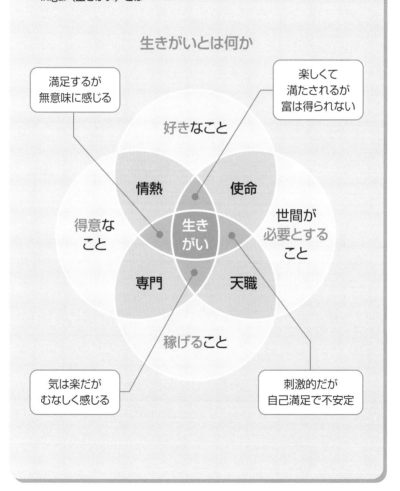

生きがいとは何か

満足するが
無意味に感じる

楽しくて
満たされるが
富は得られない

好きなこと

情熱　　使命

得意な
こと

生き
がい

世間が
必要とする
こと

専門　　天職

稼げること

気は楽だが
むなしく感じる

刺激的だが
自己満足で不安定

MEMO

ブランディングとしてのパーパス経営

　第4章ではパーパス経営が社内にもたらす効果について見てきましたが、本章ではパーパス経営による社外への効果について、マーケティングや顧客との接点づくり、商品・サービス開発といった視点から解説します。

パーパス経営の社外への効果

> 第四章ではパーパス経営が組織内部にもたらす効果について
> 様々な視点から考えました。ここでは、社外にどのような効果を
> 及ぼすかを見ていきます。

1 企業の存続に向けたパーパスの捉え直し

　創業時のパーパスを基盤として順調に事業展開をしてきたメー
カーが、21世紀に入り、社会の目が環境や人権の問題に集まるな
かで、従来の考え方では対応しきれない状況に直面しました。企業
の存続のため、創業のパーパスをダイナミックに捉え直したことで、
バリューチェーンの再構築にもつながりました。

2 サラヤの事例

　日本初の薬用せっけんメーカー、サラヤ創業の志は「手を洗うこ
とで戦後の日本を復興させる」ことでした。石油系合成洗剤による
河川の汚染が進んだ1970年代には、河川の環境破壊に対する解決
策として、分解性が良く環境負荷が低い上に手肌にもやさしい植物
系食器用洗剤を開発しました。今日もサラヤといえば第一に名前が
挙がる「ヤシノミ洗剤」です。

　同社は20世紀に作られたパーパスを21世紀にバージョンアップ
し、社会における存在意義をより強く意識した事業を展開していま
す。同社取締役コミュニケーション本部本部長・代島裕世氏は、イ
ンタビューでこう述べています。

　「今でこそサラヤはSDGsを推進している会社と言われています
が、最初は今年で50周年になるヤシノミ洗剤。この製品がサラヤ

を20世紀から21世紀に橋渡ししてくれました。（中略）…21世紀に入って、労働環境や原料調達が環境破壊を行っていないかを問われるようになり、事実調査していくなかで、ボルネオゾウの救出活動や、日本で初めてRSPO(持続可能なパームオイルのための国際会議)への参加など、私たちがこれからやらなきゃいけないことが見えた」――これが、サラヤが変化したきっかけです。サラヤは21世紀も存続するために、会社の在り方を考え直す必要に迫られました。

　テレビ番組のインタビューから「ヤシノミ洗剤が環境に悪い影響を及ぼしているのではないか」という消費者の批判を受け、代表取締役社長更家悠介氏は自ら現状の調査に取り組みます。現地に「ボルネオ保全トラスト（BCT)」を協力して設立し、ヤシノミシリーズなどの売上の1%をBCTに寄付するというビジネススキームを組みました。「生物多様性に貢献しながら、ビジネスもうまくいく。貢献のバリューチェーンが出来上がったのです」（日本能率協会コンサルティング「日本人が大切にしてきた「清流の思想」を経営に生かす　サラヤが見据える未来」）

　さらに、「どんなに広報活動しても、プロダクトが誇れるものでなければ意味はない。〈世界の衛生・健康・環境に貢献する〉という創業当時からの企業理念を受け継ぎつつ、21世紀に相応しいプロダクトはなんなのか。企業としてどうあるべきか。パーパスをしっかり持つことがますます重要になると気持ちを引き締めている」と代島氏は語ります（SMO Inc.「パーパス起点でお店のあり方を考察する」）。

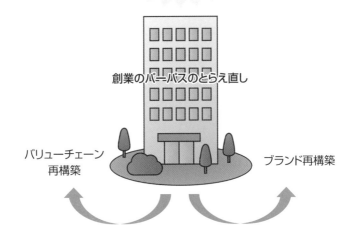

創業時から
の事業展開 ← 社会情勢の変化

PURPOSE

創業のパーパスのとらえ直し

バリューチェーン
再構築

ブランド再構築

パーパスを基軸にした新規事業

「ファーム・トゥ・テーブルの実践としてのラカント事業」

ラカントはカロリーゼロの自然派甘味料。サラヤがベトナムの羅漢
果栽培地で現地大学と共同して 3 年に及ぶ研究の末、完成し、
1995年発売。健康・自然志向の高まりのなか市場は拡大したが、「羅
漢果は桂林のもの。外国の企業がこれを独占するのは、桂林の発展
にならない」と同社は国際的技術開放に踏み切った。日本国内では
特許登録するも「会社の利益よりも桂林を活性化し、農民の生活を
向上させること」を重視している。

パーパスとマーケティング・コミュニケーション

パーパスを導入している企業は様々な形で、マーケティング・コミュニケーションに取り組んでいます。ブランドメッセージはそのなかでもパーパスの具現化のひとつといえます。

1 パーパスの力強く理想的な具現化

パーパスを導入している企業の**マーケティング・コミュニケーション*** としては、ナイキやユニリーバの例が有名です。一般に、日本市場に向けては（外資系にせよ、日本企業にせよ）パーパスをダイレクトに押し出して言葉で説明するよりも、「こんな感じの企業ですよ」とイメージとして表現し、共感してもらうことを選ぶ場合が多いのではないでしょうか。

ここでは、外資系企業による日本市場向けマーケティング・コミュニケーションを取り上げます。日本の課題に大胆に疑問符をつきつける切り口は参考にしづらいかもしれませんが、ターゲットとなる世代の悩みに深く寄り添い、呼びかけるブランドメッセージは、パーパスの力強く理想的な具現化であるといえるでしょう。

2 P&G（パンテーン）の事例

P&G のパーパスは「現在、そして次世代の世界の消費者の生活を向上させる」という文言から始まります。パンテーンは P&G で、「あなたらしい髪の美しさを通して、すべての人の前向きな一歩をサポートする」というブランド理念のもと事業展開してきました。

***マーケティング・コミュニケーション**　企業と顧客とのコミュニケーション＝情報伝達。従来の「プロモーション」にあたる。

この理念がマーケティング・コミュニケーションとして具現化し、ターゲットとなる人たちから SNS でおおいに反応を得たのが「＃ HairWeGo」のスローガンです。

　日本では黒いひっつめ髪に象徴される「就活ヘア」、地毛なのに黒染めを強要される「地毛証明書」など、「皆と同じ髪」であることを当然かつ正常であるとみなす傾向があります。個性を尊重しようという風潮がある反面、この点についてはあまり見直されてきませんでした。そうした「同調圧力」に対して、パンテーンは2018年から「＃HairWeGo　さあ、この髪でいこう。」というメッセージを掲げ、「＃1000人の就活生のホンネ」広告を皮切りに、一人ひとりの個性について考えようと訴えかけるキャンペーンを展開しました。

　Twitter ではハッシュタグ「＃1000人の就活生のホンネ」を付けた3000もの投稿が投稿されました。続けて、個性を尊重した就職活動をサポートするため、賛同企業139社と連携して『＃令和の就活ヘアをもっと自由に』プロジェクトを展開しました。令和元年10月1日、令和初の内定式に向けて就職活動生が自分らしい髪で就職活動を行うことを応援する TV 広告・動画を公開しました。Twitter 上では「＃令和の就活ヘアをもっと自由に」をつけた投稿が7000件近く投稿されたといいます。(note「SDGs マーケティング施策事例研究 Vol. 6 パンテーン「＃HairWeGo」キャンペーンで「自分らしさ」を尊重する姿勢を見せ、ムーブメントを形成」Good Tide ／ SDGs マーケチーム)

　このようにして、生まれつき茶色の髪のため、「髪色校則」髪を染めることを余儀なくされる女子高生や、就活を前に、アイデンティティに悩む就活生の悩みに寄り添い、大きな支持・共感を得ました。

さらに2020年秋 LGBTQ+ の元就活生の体験をベースに、自分らしさと就職活動について考える「#PrideHair」プロジェクトを立ち上げています。

FIGURE 29 パーパスとマーケティング・コミュニケーション

自由な髪型で
内定式に出席したら、
内定取り消しに
なりますか?

パーパスが抽象的な言葉でなく、
実際に社会変革実現につながる強い
メッセージになっているのね!

出典:#HairWeGo - パンテーン（Pantene）公式サイト

パーパスをストーリーで語る

抽象的な言葉になりがちなパーパスをよりわかりやすく伝えるためには、ブランディングの方法のひとつであるストーリーを用いることが有効です。

1 事業と整合性のあるストーリーを

ストーリーはブランディングの方法として定着しています。ストーリーを用いることで、人はそのブランドをより深く理解し、共感できます。直感的に「好き」「いい」という反応も生まれます。さらに重要なことは、ストーリーがあるほうが記憶に残ること。シェアしたくなるのもストーリーの効果です。

一般に、パーパスはそぎ落とした抽象的な言葉になりがちです。心を動かすにはあまり向かないかもしれません。その点で、ストーリーは「人」がいますし、「思い」が具体的な情景とともに綴られますから、ストレートに読み手の心に響きます。

ストーリーをつくる際に、最も気をつけるべきは整合性です。ストーリー全体に破綻がないこと、「人」のキャラクターにぶれがないこと、事業とストーリーの整合性も重要です。

2 マザーハウスの事例

「途上国から世界に通用するブランドをつくる」という理念を掲げ、2006年にバングラデシュからスタートしたマザーハウス。創立者で代表、チーフデザイナーの山口絵理子氏は、自らの起業ストーリーによってパーパスを効果的に伝えることに成功しています。公式サイトで、山口氏は次のように語っています。

「貧しい国々のために何かをしたいと思いアジア最貧国であるバングラデシュに滞在した2年間。志を見失った政治家がはびこっているために、援助では到底世界がよくなることは難しいと知りました。そして一方で私達外国人を見ては、お金持ちなんだから助けてくれるだろうと手を伸ばしてくる現地の人たちを見てきました。何が健全で持続的な方法なのか、悩んだ挙句に出した結論が「本当にお客様が満足していただけるもの作りを途上国で行う」という、マザーハウスの事業でした。

　2006年3月から始まったマザーハウスの夢への挑戦。短い期間に何度も味わった裏切りや、絶望や、流した涙。信頼してきた工場からの裏切りは私にとって完全に消えることのない傷となりました。しかし、それでも理想とする社会に対する情熱は、ふつふつと胸に中に湧いていて、絶えることはありません。

　いつか東京、ミラノ、パリ、ニューヨーク、颯爽と歩く女性が持っているかわいいバッグの中に『Made in Bangladesh』のラベルがある、そんなワンシーンの実現に人生のすべてを賭けたいと思いました。よりよい社会に対するアクションは、日常生活のファッションのなかでも実現できる。外見だけの価値で消費選択をする時代から、今後はモノの背景を知り、内面の美しさが求められる時代となる。そんな時代に、弊社は選ばれる企業になりたいと思うのです。

　またそんな消費活動が途上国と先進国の間にある物理的、精神的な壁を自然に壊していくはずだと思っています。途上国の現状を変えるのは援助でも国際機関でもなく、私たち消費者であること。そのツールと成りえるプロダクトを今後も作り、お届けしていきたいと思います」

同社では、店舗スタッフは商品の裏側にあるモノづくりのストーリーを商品に乗せ、お客様にお届けするという役割を担うという意味で、「ストーリーテラー」と呼ばれています。パーパスと事業、製品と販売がひとつのストーリーに織り込まれているといえるでしょう。

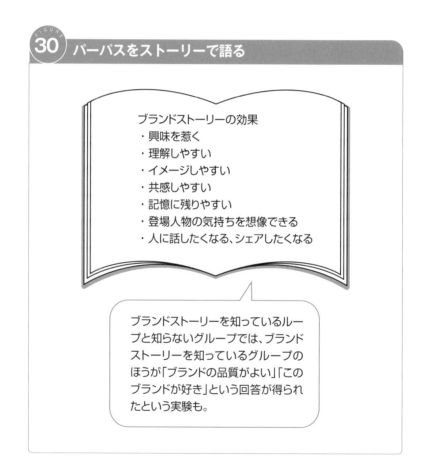

FIGURE
30　パーパスをストーリーで語る

ブランドストーリーの効果
・興味を惹く
・理解しやすい
・イメージしやすい
・共感しやすい
・記憶に残りやすい
・登場人物の気持ちを想像できる
・人に話したくなる、シェアしたくなる

ブランドストーリーを知っているループと知らないグループでは、ブランドストーリーを知っているグループのほうが「ブランドの品質がよい」「このブランドが好き」という回答が得られたという実験も。

顧客価値を高める

パーパス経営に取り組むことで、顧客価値を高めることができます。自社を応援してくれる顧客を増やすことは、従業員のやりがいにもつながります。

1 従業員のやりがいにもつながる

パーパス経営実践のひとつのゴールは、顧客との接点に活かし、**顧客価値**を高めることにあります。社会における存在意義について共感を得、まさに「自分事」として――その会社、ブランドを自分たちの代表とみなして――進んで応援しようとしてくれる顧客、この会社は自分たちにとって「必要」と思ってくれる顧客――を増やすことは、従業員にとってもやりがいにつながります。

2 ピジョンの事例

哺乳瓶をはじめとするベビー用品のトップメーカー、ピジョンは2019年にパーパスを設定しました。北澤憲政氏が社長就任に際してパーパスについて考える必要を感じたこと、また同社で従業員のモチベーション低下が危惧されたことが背景にあります。

「赤ちゃんをいつも真に見つめ続け、この世界をもっと赤ちゃんにやさしい場所にします」というパーパスは同社代表取締役社長・北沢憲政氏の「中にあった考えをそのまま言葉にし」たそうです（永井 恒男、後藤 照典『パーパス・ドリブンな組織のつくり方―発見・共鳴・実装で会社を変える』、日本能率協会マネジメントセンター183ページ）。

同社ではパーパスを軸として事業展開、商品開発を行っています。特に赤ちゃんと母親、父親をめぐる（母乳育児等の）問題に徹底的に寄り添い、解決に取り組んでいます。そのひとつが「ちいさな産声サポートプロジェクト」。早産で生まれた赤ちゃん、低体重で生まれた赤ちゃん、病気や外的疾患で治療が必要な赤ちゃんなど、専門的なケアが必要な赤ちゃんとご家族向けの活動です。それぞれの赤ちゃんの状態や成長段階に合わせた商品の提供のほか、家族向け情報ブックの提供やイベントの開催、病院への寄付などを、世界各国で行っています（ピジョン「ちいさな産声サポートプロジェクト」）。

　2020年、母乳バンクが日本では施設が圧倒的に不足しているという問題に対して、ピジョン本社一階に日本で2拠点目となる「日本橋 母乳バンク」の開設をサポート（運営は日本母乳バンク協会）、母乳バンクの設計、建設施工費、機器購入費、場所の無償提供など、全面的支援を開始しました。

　また「より多くの赤ちゃんが健康に育ち、より多くのママ・パパが子育てに幸せを実感できることを大切にする社会を目指す」を理念として、授乳期の課題・解決を提供するプロジェクト「ピジョンにっこり授乳期研究会」では、2018年から、NICU（新生児集中治療室）・GCU（新生児治療回復室）に入院した後期早産児のママの心の支援に取り組んでいます。研究過程で「母親への心のサポート、情報提供の必要性が明らかに」なった、として、同研究会の専門家とともに当該家族（NICU・GCUに入院した後期早産児とその家族）向け冊子を作成、無償で提供しています。

FIGURE 31 顧客価値を高める

お客様の悩みを解決し、ハッピーにするための取り組み
(日本橋　母乳バンク)は、従業員がパーパスの実践を実
感でき、モチベーション向上にも効果

パーパスを商品開発に活かす

商品は消費者がパーパスに触れ、企業の姿勢を実感する媒体となるものです。パーパスを活かした商品開発は、パーパス経営実践の大きなステップ、成果であるといえます。

1 消費者がパーパスに触れる媒体となる商品

パーパスを事業に活かす最もわかりやすい形が商品開発です。商品とは、消費者がパーパスに触れ、企業の姿勢を実感する媒体でもあるのです。

ユニ・チャームは2020年10月、パーパスを「持続可能な開発目標（SDGs）の達成に貢献すること」と定めました。このパーパスを具体化するために同社は「共生社会の実現」というミッションに取り組んでいます。「共生社会」を同社ウェブサイトでは次のように説明しています。「いわゆる生活弱者に加え、加齢や疾病、出産、生理などにより一時的または一定期間、不利を抱える状況にある人たちまでを視野に、どのような状況においても "その人らしい" 生活が送れるよう、一人ひとりが自立しつつ、程よい距離感で、それぞれができる方法で支え合う社会」と（ユニ・チャーム「社長メッセージ」）。

このパーパス、ミッションを同社は「消費者の一生を通じて、その時々のライフステージに合った商品・サービス」によって実現しようとしています。さらに、ユニ・チャームは「共生社会」の実現について、「サステナビリティレポート2022」において、具体的なイメージを重ね下記のように丁寧に綴っています。

いろいろな「やさしさ」で人々や社会の LIFE を守り、支えて
いきたい。

赤ちゃんと家族の目線に合った育児を。

いくつになっても自分らしくいられる介護を。

パートナー・アニマル（ペット）が家族や地域の人に歓迎され
る環境を。

生理の時も、気分を前向きに。

衛生を保つことは、人との良い関係をつくるために。

私たちユニ・チャームが大切にしてきたのは、そんな「やさしさ」
です。

高齢者用の紙おむつや女性の生理用品をはじめとする同社の商品
群に、このアプローチは見事に合致しています。

2 現場の知恵を活かした経営

同社は「共振の経営」というマネジメントモデルを掲げています。
これは簡単にいえば「経営が現場の知恵を活かす」ことですが、パー
パスの実現においてもおおいに役立っているといいます。

共振の経営を通じて経営と現場がパーパスを体現した例が、「顔
がみえるマスク」です。代表取締役社長執行役員高原豪久氏は、あ
るインタビューで開発の経緯について次のように説明しています。

「顔がみえるマスクはバースデーメールのやりとりがきっかけで
生まれました。（中略）…ある日、そのバースデーメールに、聴覚
に障がいを持つ社員が返事をくれました。完全に耳が聞こえないわ
けではありませんが、普段から口元の動きを見て相手の話を理解し
ていたといいます。しかしコロナ禍のマスク生活によって口元が隠
れてしまっているので、相手が何を話しているのかわからず、困っ

ているというのです。（中略）…彼女からのメールは、会社でこうした商品をつくってほしいという内容ではありませんでしたが、それを読んで「そうだよな」と思いました。私たちは無意識のうちに、障がいのない立場でしか発想していないことに気づかされたのです。

けっしてマーケットの大きな商品ではありません。しかし、ミッションである共生社会の実現や、ビジョンにも一致する商品です。そこで、私が音頭を取って商品化をはじめ、開発や営業部門などの間で共振が起きるよう積極的に働きかけ、八か月後、発売にいたりました。このマスクの開発では、理解し納得するまでのプロセスはありましたが、徐々に力を結集し、一人ひとりが共感した結果、製品化が実現しました」（『DIAMOND ハーバード・ビジネス・レビュー』6月号（2022年）67〜72ページ）

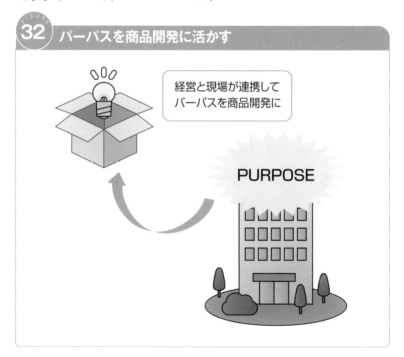

FIGURE

32 パーパスを商品開発に活かす

経営と現場が連携して
パーパスを商品開発に

PURPOSE

社会問題への対応

新たな社会問題の解決方法を見出すこともパーパス経営につながります。

1 社会問題の解決から新たなビジネスモデルへ

VUCA の時代は従来には夢想だにしなかった現実が次々に起こります。そして、既存の解決方法では歯が立たない問題も生じます。こうした新たに登場した社会問題の解決方法を見出すことで、新たな時代に適したビジネスモデルが生まれます。

ネスレ日本は2012年、オフィスにおけるコミュニケーションを促進させる場づくりとして「ネスカフェアンバサダー」というサブスクリプションモデルをスタートさせました。これは手軽に一杯分ずつコーヒーが抽出できるマシンをオフィス向けに無料でレンタルし、必要なコーヒーカプセルを購入してもらうしくみです。職場のひとりがアンバサダーとして登録し、マシンまわりのケア（コーヒーの注文、料金回収、片付けなど）を担当します。2020年現在、アンバサダー応募者は48万名を突破しているといいます。

同モデルが誕生した大きなきっかけは二度の震災でした。ネスカフェ製品事業部でコーヒーのマーケティングに携わっていた津田匡保氏（元同社 E コマース本部ダイレクト＆デジタル推進事業部部長）は高校一年生のころ阪神淡路大震災を経験し、寒さと不安のなか、ボランティアの人から渡された一杯のコーヒーの温かさに救われたといいます。そして東日本大震災が起きたとき、津田氏は当時のことを思い出し、今度は自分が被災者に温かいコーヒーを届けたい、

と東北の仮設住宅を訪れました。「部屋にこもっていた被災者の方が、集会所に集まりコーヒーを飲むようになって、集会所がカフェのように賑やかになった」という声が多く寄せられたといいます（business leaders square wisdom「津田匡保氏（前編）〜ネスレに学ぶ、顧客の課題解決の視点から生み出すイノベーション創出術〜」）。コーヒー（マシン）によって人と人のコミュニケーションが生まれる、という可能性を目の当たりにしたのです。

2 地域コミュニティ活性化に貢献

　2013年、兵庫県神戸市と「こうべ元気！いきいき！！プロジェクト」の連携協定を締結しました。栄養や健康に関するノウハウを活かして高齢者の生活の質の向上に取り組むものですが、そのひとつに「介護予防カフェ」におけるコーヒーマシンの提供があります。コーヒーを中心に人が集まる場をつくり、地域コミュニティの活性化に貢献しています（2020年3月現在、介護予防カフェは神戸市内の81か所）。

　ネスカフェアンバサダーの中心は職場におけるコーヒーのサブスクリプションシステムですが、同時に、人口減少や高齢化、特に独居老人の問題、核家族化といった社会課題を解決する取り組みになっています。

　シニアコミュニティにバリスタが置かれ、コーヒーを通じたコミュニケーションが自然発生的に生まれています。コーヒーを中心としたコミュニティが、独居老人の安否確認のような機能も果たしているのです。

FIGURE
33 社会問題への対応

一杯のコーヒーの温かさを実感

今度は自分がコーヒーを届けたい！

コーヒーによるコミュニケーション増進効果

地域コミュニティの活性化にも役立つ！

CHAPTER

5

ブランディングとしてのパーパス経営

115

株主コミュニケーションとパーパス経営

企業にとって、自らの存在意義に共感し長期的に応援してくれる株主の存在は重要です。こうした株主とのコミュニケーションにも意識的に取り組むことが求められます。

1 企業の存在意義に共感してもらえることが理想

株主とのコミュニケーションというと、一般に「最低限の義務を果たす」と考えている企業が少なくありません。

パーパスを実践する企業にとって、株主（得に個人株主）はその精神、姿勢を応援してくれる大事な存在です。短期的に業績がよいから株を買う、でなく、企業の存在意義に共感するから、この企業は社会に不可欠だから、応援したいから…そう思ってもらうことができれば理想的です。

2 ユーグレナの事例

ユーグレナは2005年にミドリムシを原料とした商品の供給事業からスタートし、2012年マザーズ上場、それを機に通販事業を開始しました（2年後に東証一部に上場）。創業者である出雲充氏が大学時代に訪れたバングラデシュで栄養失調を目の当たりにし、栄養豊富な食料をつくって食の問題を解決したい、と思ったのがきっかけです。

ユーグレナの顧客は「ユーグレナなら環境配慮をしているだろう」「ユーグレナならバングラデシュに貢献しているに違いない」など、会社のことを信じて応援してくれる人が多い一方、売上が拡大するなかで顧客からの信頼が失われていく危機感がありました。

同社では2018年、本来のパーパスに立ち戻って事業の点検を行いました。同社取締役副社長の永田暁彦氏は「本当に中身が伴っていないのにファンになってくれ、というのには限界がある」と述べます。

　同社の株主数は9万弱。株主総会の「会場を借りるだけで営業利益が吹き飛ぶ」から、と以前は来場者数を減らすことを考えていたといいます。「しかし、株主の皆さんが出雲や社員と触れ合って、『やっぱりユーグレナを応援してよかった』と思ってくれる機会になるなら、こんなに価値があることはないと考え方を改め」（永田氏）、株主の参加数を増やすことをKPIに設定しました。

　「株主総会では、ファンが楽しめる要素を増やして、たとえば会場までユーグレナからつくったバイオディーゼル燃料を使ったバスを出して移動できるようにしたり、展示会では実際にユーグレナを培養している培養槽を展示したりしました。最初は戸惑いもあったようですが、株主総会を直接担当した仲間からは、『厳しい意見をもらうこともあったが、どれだけ応援しているのかが肌身にしみた』『普段ふれあうことのない株主やファンと接したことで、ますます仕事に励もうと思った』という声が上がっています」（永田氏）

　永田氏はこう付け加えています。「ファンと接するときは、『ファンではなく、自分たちの信念に寄り添う』ことを意識してやっています。（中略）…重要なのは企業が自分で信念を持ち続けること」（佐藤尚之、津田匡保『ファンベースなひとたち』日経BP、186〜197ページ）

　2021年6月16日、産業競争力強化法等の一部を改正する等の法律（令和3年法律第70号）の一部規定が施行され、一定の要件を満たし、経済産業大臣及び法務大臣の確認を受けた上場会社は「場所の定めのない株主総会」（いわゆるバーチャルオンリー型の株主総

会）の開催が可能となりました。

　これを受けて、ユーグレナは2021年日本で初となるバーチャルオンリー株主総会を実施しています。562人の株主がオンライン出席し、ライブ中継を視聴しながら質問、議決権行使をしました（ウェブブラウザ上でログインをして賛否をクリックしてもらう）。開催後のアンケートでは99.5% が「評価する」と回答しています。同社の株主の年代は幅広いといいますが、「不安を感じなかった」「不安はあったが出席して問題はなかった」という回答が多くを占めたそうです。

34 株主コミュニケーションとパーパス経営

Column

パーパスとソーシャルメディア

　パーパス経営で知られる英国のコスメ、バスボムのブランド、ラッシュは、2021年11月、世界48か国・地域でフェイスブックやインスタグラムなどの一部SNSアカウントの利用を無期限停止する、と発表しました。同社はこれまでSNSを活用してきましたが、メタ・プラットフォームズ（前フェイスブック）が自社の収益を優先し、心身や社会に悪影響をもたらすアルゴリズムや規制に対処せず放置していることなどを問題視し、同社が創業時から重視する「エシカル」「ウェルビーイング」といった理念に反する、として無期限停止に踏み切りました。

　ラッシュの最高デジタル責任者で商品発案者でもあるジャック・コンスタンティンは、BBCのラジオ番組「トゥデイ」で、SNSが人々のメンタルヘルスに悪影響を及ぼしていることを指摘しています。

　安全でないSNSの使用は、同社が掲げる「ラッシュの信念（A LUSH LIFE）」にも反します。この信念のひとつに、「私たちは、キャンドルを灯しながらお風呂でくつろぎ、シャワーを誰かと一緒に浴びたり、マッサージをしたり、心地よい香りで世界をいっぱいにすることと同時に、たとえ失敗してすべてを失ったとしても、再びやり直す権利があると信じています」があります。「一部のSNSプラットフォームは、人々にスクロールさせ続け、スイッチオフやリラックスができなくなるよう設計されたアルゴリズムを使っており、ラッシュの考え方と真逆です」（ジャック・コンスタンティン氏）

　ラッシュは「いいね」や登録を求めるのでない、「新しくお客様とつながる方法を模索し、他の場所でよりよいコミュニケーションの場を構築していく」と述べています。

「私は生涯をかけて、人に害を与えるような原材料を商品に入れないようにしてきました。SNS利用時に私たちが危険にさらされているという証拠が、いまや数多くあります。私は自分のお客様をこのような環境にさらしたくありません。いまこそ行動を起こすべきときが来たのです」（共同創立者兼商品開発者・マーク・コンスタンティン氏）

▼パーパスとソーシャルメディア

SNSはコミュニケーションにおいて効果があるが、
SNSそのもののありかたが自分たちのパーパスに反する

CHAPTER

6

パーパス経営の
導入事例

　ここまでパーパス経営の導入の流れや効果について見てき
ましたが、本章では実際に企業がどのようなプロセスを経て
パーパス経営を導入しているのかについて解説します。業種
や規模を問わず、様々な企業の事例を紹介していますので、
自社に当てはめて参考にしてみてください。

導入事例　概観

本章では企業がどのようにパーパスを導入し、実践しているのかについて、実例を挙げながら紹介します。

1　パーパスの実践により社会に影響を与え支持を得る

本章では、パーパス導入事例として9つの組織を取り上げます。

・竹延
・中川政七商店
・フェリシモ
・イケウチ・オーガニック
・パン・アキモト
・オイシックス・ラ・大地
・プラスリジョン
・カラーズ
・八尾市文化会館プリズムホール

業界、規模とも様々ですが、いずれもトップがリーダーシップをとって「社会における存在意義とは何か」を追求し、それを言語化する（パーパスという言葉を使っていない場合もあります）とともに、その思いを着実に実現していく取り組みを進め、社会に影響を与え、生活者の支持を得ています。

竹延は関西を拠点とする塗装工事会社です。停滞する業界にあって、「人」と「技」を軸に存在目的を明確にしたこと、またそれを実現するしくみを次々に行ったことで大成長を遂げました。

中川政七商店は奈良の伝統工芸品を扱う老舗です。業界で仕入れ先が次々に廃業したのを見て、業界全体の活性化をパーパスに据えました。従業員の意識改革にも成功しています。

　フェリシモはカタログ通販会社ですが、モノの物販を超え、顧客を巻き込みながら社会貢献活動・基金プロジェクトを次々に立ち上げ、コアなファンを獲得しています。

　イケウチ・オーガニックは今治タオルのメーカーで OEM 生産からスタートしました。一時は廃業の危機に瀕したこともありますが、高い視野とこだわり、技術力でパーパスを実現しつつあります。

　パン・アキモトは栃木県を中心としたパン工房です。被災地にパンを届けた経験がきっかけで独自技術を開発、同社ならではの被災地支援プロジェクトを立ち上げました。

　オイシックス・ラ・大地は安全で健康な食をキーワードに、食のインフラ構築に取り組んでいます。創業時の思いとテクノロジーと能力がパーパスを支えています。

　プラスリジョンは、障がい者も障がいのない人もそれぞれが自分の能力を活かして働く場をつくりたい、という思いから設立された会社です。パーパスの基底には、小学校時代の経営者自身の経験をきっかけにした問題意識があります。

　カラーズは、「動物を店頭で販売する」ことに厳しい目が向けられる昨今、本来ペットショップとはどうあるべきかを追求して創業した会社です。同社のパーパスや取り組み創業者自身の経験がベースとなっています。

八尾市文化会館（プリズムホール）はいわゆる地域密着型の文化ホールですが、いま・これからの社会に演劇文化を通じてどのような役割を果たすべきかを真摯に考え、パーパスを設定しました。公共性の高い事例でもあります。

2　タイミングや経緯は様々

　これらの事例は、たとえば「どのようなタイミングで、どのような理由・経緯でパーパスを設定したか」で分類することもできるでしょう。たとえばプラスリジョン、カラーズは起業・創業時からパーパスが明確でした。後から導入した例でいえば、竹延、中川政七商店は創業家を継ぐ社長が、業界の課題や社会の変化への対応を迫られ事業の根本から見直しています。パン・アキモトは「こうありたい」という思いに実際の経験、そこからの技術革新、商品化が実現可能なパーパスにつながりました。フェリシモも創業家ですが、社会変化への対応というよりは、もともと自身が持っていた信念（矢崎社長は家庭教育の影響であると述べています）が基盤となっています。

　従業員の反応やエンゲージメントはどうだったか、で見ていくならば、上記の竹延、中川政七商店の場合、当初従業員はなかなか理解できなかったにせよ、リーダーが次々に新たな取り組みを示し、また繰り返し対話を続けることで状況は変わっていきました。

　ここに挙げた企業の多くはあえて「パーパス」という文言を用いず、またその浸透のための制度を設けることもしていません。リーダーによる地道なコミュニケーションや、パーパスを反映する自身の行動によって組織を動かしていることが特徴といえます。

　パーパス経営の「結果」を語るには、実際のところさらに年月が必要ですが、信念を持った熱いリーダーによるパーパス経営の実践例として参考にしてください。

FIGURE 35 導入事例　概観

企業名	特徴
中川政七	伝統工芸、黒字転換で13代社長が企業の存在意義の必要を認識
竹延	日本の建築文化を支えた塗装技術の継承と人の育成、業界を変革
フェリシモ	通販のしくみを活用して顧客とともにしあわせになる社会貢献
イケウチ	未来のオーガニックなライフスタイルを志向
パンアキモト	独自開発の缶パンで被災地支援するしくみ構築
オイシックス	有機食材宅配。健康的な食生活のためのインフラ構築がパーパス
プラスリジョン	障がい雇用機会を創出、作る人、食べる人、全員がハッピーになる生態系創造
カラーズ	ペットショップの存在意義を突きつめ、「いのちを育む」場として再定義
プリズムホール	八尾市文化会館。舞台上演というより「あなた」が主役。人とつながる、交流する場づくりを目指す

共通する点

リーダー自身の信念と行動力
社内外に対するコミュニケーション
顧客の支持、積極的参加によって前進
パーパスに則って、状況変化に合わせた事業展開

竹延

> 塗装工事会社の竹延は、停滞する業界のなかで「人」と「技・技能の承継」に焦点をあてたパーパスに基づく大胆なイノベーションによって大きな成長を果たしました。

1 職人育成の見直しと技能伝承の構築を実践

竹延は1950年創業の塗装工事会社です。姫路城、太陽の塔、京都国立博物館など、数多くの著名な建築物の塗装も同社職人が手がけました。

職人高齢化、低い生産性、3K（きつい、きたない、危険）のイメージなどもあり、停滞する塗装業界において、同社は三代目社長・竹延幸雄氏（前社長）による「人」と「技・技能の継承」に焦点を当てた改革によって大きな成長を果たしました。

同社はウェブサイトにフィロソフィとして、次のような文言を掲げています。「私たちは世界に通用する新しい日本の建築文化の規範となる価値観を創造し続けることで、"幸せを感じる"モノづくりを実現します」

理想ともいえるこのフィロソフィを同社は職人育成の見直しと、ITなどを活用した技能伝承のしくみを構築することで実現しました。従来この業界では「技は見て盗むもの」「数年やったくらいでは話にならない。10年でやっと一人前」といわれてきましたが、竹延氏は職人の作業分析、作業標準の明確化から始め、職人として腕を磨くのに必要な時間を割り出したことで、職人育成の「時短」に成功しました。それによって会社としての価値も高まり、何より職人のモチベーションも向上しました。

2 揺るぎないパーパスが大きな支持に

同社には毎年国内外から優秀な人材が多数集まってくるといいます。（竹延氏はさらに職人の技能の可視化が必要であると考え、塗装業初の人材育成企業 KM ユナイテッドを起業し、しばらく両輪で走らせたのち、現在は KM ユナイテッドに専従、同社代表取締役社長 CEO）これらのイノベーティブな取り組みによって同社および竹延氏は「Japan Venture Awards2019」中小企業庁長官賞をはじめ数多くの賞を授与されています。

竹延氏の取り組みが、仮に作業の効率化や職人育成の効率化だけを目的としたものであったら、ここまでの展開はなかったかもしれません。技を磨き続けてきた「人」への敬意、技を受け継ぎたい「人」への応援の思いが基底にあり、さらに「技」の伝承にかける思いが、彼ら職人の「技」によって日本の伝統である建築文化の保持再生に貢献するのだ、という揺るぎのないパーパスとなっている点が多くの人の支持を得ているのではないでしょうか（竹延幸雄『小さな三代目企業の職人軍団　教科書なきイノベーション戦記』日経 BP）。

FIGURE 36　竹延のパーパス経営のポイント

①老舗塗装工事会社３代目社長（娘婿）のリーダーシップ
②職人育成のありかたに疑問、
　　より効果的な育成システムを実現する
③３Kの業界を変革
④「人」と「技」、伝統文化への敬意のバランス
⑤国内外から優秀な人材の採用

中川政七商店

麻織物の老舗・中川政七商店は、伝統工芸の衰退に対する危機感から、パーパス経営に取り組みました。優秀な人材の獲得にもつながっています。

1 伝統工芸の衰退への危機感がきっかけに

1716年創業の中川政七商店は、麻織物を扱う奈良の老舗です。2008年、企業の存在意義を見直し、「日本の工芸を元気にする！」と掲げ、パーパス経営にかじを切りました。

代表取締役会長中川政七氏（第13代社長、2018年に会長）は、新たなパーパスの設定の経緯について経緯を語ったなかで、家業を継ぐと決めて2002年に中川政七商店に入社した当時、第二事業部（麻を扱う）は赤字だったので事業改善に取り組んだこと、その甲斐あって黒字になったが、今度は「これは何のためにやっているのか」企業の存在意義を考えるようになった、といいます。

「このパーパスが『降ってきた』きっかけは、続けざまに仕入先業者が廃業の挨拶に来ていたことでした。伝統工芸が廃れていくと、私たちのものづくりが続かないという危機感を覚え、自身が行ってきた「ブランディング」のスキル、実績をほかの伝統工芸にも適用できると考えたのです」（中川氏）。

2 パーパスにより価値観の共有と組織強化へ

2008年にはじめてパーパス（インタビューの中では「ビジョン」）を発表したとき、社員はみな「何を言っているかわからない様子で、ぽかんとしていました。無理もありません。それまでビジョンなん

て会社にはなかったからです」（中川氏）。

　同氏はスタッフに何度もビジョンを語りました。「あなたたちの仕事はいわゆる予算を達成することだけではありません。その先にあるのは、日本の工芸を元気にすることです。ビジョンを理解して仕事をするかしないかで、結果が変わるのです」と。同氏は次のように続けます。「店舗の仕事は、ある程度覚えてしまうと、大きな成長を感じられなくなってしまいます。そんなときこそ、その仕事が自分のためでなく、誰かに貢献している。つながっていると感じられることが必要なのだと思います」。

　そして地道な取り組みが奏功し、約5年後には、「何のために仕事をしているのですか」と尋ねたらアルバイトスタッフでも「日本の工芸を元気にするためです」と答えるように。パーパス、ビジョンを掲げたことで、価値観を同じくする人たち――「それも、奈良の中小企業では手に届かないような優秀な人材」――が集まり、組織強化につながっています（『DIAMOND ハーバード・ビジネス・レビュー』2019年3月号74〜85ページ）。

FIGURE
37 中川政七商店のパーパス経営のポイント

①パーパスとは無縁の伝統工芸品を扱う老舗

②13代目社長、赤字から黒字転換に成功、そのあとで
　「なんのためにやっているのか」について考えることに

③業界全体の衰退の危機

④パーパスに対する理解を得るためひたすら説明を繰り返す

⑤従業員のエンゲージメント向上につながった

フェリシモ

> フェリシモは、環境や社会のために何か役立ちたい、という思いをもつ顧客を巻き込みながら、ともに幸せをつくることをパーパスに掲げ、社会貢献に取り組んでいます。

1 阪神・淡路大震災を契機に社会貢献に取り組む

　フェリシモは自社開発の衣料品や雑貨などを販売するカタログ通販会社ですが、従来的なカタログ通販ではなく、顧客を巻き込んだ社会貢献活動を通じてともに「幸せ」を創り出すプロジェクトを多数展開しています。「最大の幸せ」という社名（造語）そのものが社会における存在意義、パーパスをを示しているといえます。同社は、もともと「ハイセンス」というカタログの通販会社でした。父の後を継いだ代表取締役社長・矢崎和彦氏は、就任当時から社会貢献意識を持っていたものの、社会性と事業性の両立は難しい、と周囲から理解されなかったそうです。

　社会とのかかわりを志向する同社のベクトルが明確になったのは、阪神・淡路大震災でした。被災地の顧客の安否確認や支援に奔走しているさなか、全国の顧客から「神戸の方々のために使ってください」と商品代金以上のお金が次々に振り込まれたといいます。矢崎氏は「もっと、ずっと、きっと」キャンペーンを立ち上げ、長期的に支援できるよう、1口100円の義援金を募るしくみを作り出しました。

　百年先の森、自然環境のために、みなの思いを集めて何かしよう、という呼びかけがベースとなったのが「フェリシモの森基金」です。顧客には子育て中の主婦も多く、子どもの将来に思いを馳せ、環境

や社会を何とかしなければ、と不安を抱きながらも自分では大きなことが何もできないと悩む人も少なくありません。そういう顧客にとって、月々わずかな金額で参加できるこうしたプロジェクトは自己効力感を高める機会にもなっています。

2 原点であるスキルを活かし産業復興を支援

東日本大震災後には、女性たちの事業を資金面からバックアップし産業復興の支援をしようと「とうほくIPPOプロジェクト」をスタート。

顧客が手づくりでおもちゃをつくり、子どもたち(支援組織)に送るプロジェクトも顧客の高い支持を得ています。いずれも、従業員の問題意識や提案から始まり、継続的に拡大展開しているプロジェクトです(BE KOBE「神戸は、もっと輝けるはず。心の中に広がる未来を、かたちあるものにしていきたい。フェリシモ　矢崎和彦さん」)。

38 フェリシモのパーパス経営のポイント

①カタログ通販会社の2代目社長。社名は「最大の幸せ」を
　意味する造語
②社会性、事業性、独自性
③阪神・淡路大震災後に顧客から(自発的に)支援金が
　集まったのがきっかけ
④一口100円の社会貢献基金プログラムを開発、
　顧客の支持を得る
⑤従業員の自主的な活動

IKEUCHI ORGANIC（イケウチ・オーガニック）

オーガニックタオルなどのメーカーであるイケウチ・オーガニックは、安全性と環境性に配慮した製品づくりを起点に、オーガニックな社会の将来像を描き、実現に向けた取り組みにより大きな支持を得ています。

1 顧客の言葉をきっかけに一念発起

イケウチ・オーガニックは、安全と環境を最優先に、細部のこだわりと高い技術で唯一無二のタオルテキスタイルをつくる「トータルオーガニックライフスタイルカンパニー」です。同社ウェブサイトには、誠意あるものづくりを通じて「自然にピュアになっていく未来」への思いが明確に述べられています。

同社はもともとOEM生産を中心とするメーカーでした。1999年に初めてのオリジナルブランドをつくり、勢いがありましたが、リーマンショックで取引先が倒産、民事再生法の適用という最大の危機が訪れます。「もう一回OEMでやっていくか、自社ブランドでがんばるか、それとも会社をたたむか」、そんなときに顧客から次のような電話があったそうです。「あと何枚イケウチのタオルを買えば倒産せずに済みますでしょうか」。この言葉に一念発起し、同社は復活を果たしました。

2 「人」や「社会」を常に視野に入れた取り組みを実践

同社のタオルの特徴は「赤ちゃんが口に含んでも安全」であること。全製造工程における安全性と環境性を第三者機関の評価基準に基づいて実証しており、今後は「赤ちゃんが食べても安全」なタオ

ルづくりを目指しています。

　徹底した安全性と環境性を追求しているイケウチ・オーガニックですが、単に環境意識が高い、という枠にとどまらず、作り手、仲間、生活者である「人」、さらにその人と人がつながってエネルギーを生む「社会」を常に視野に入れています。人と人が織りなす織物（ファブリック）としての社会において、タオルという製品を通じて何を伝えていくのか、メッセージ性の強い未来志向型の Life Fabric カンパニーであろうとしているのです。

　イケウチ・オーガニックはコアなファンによって支えられている企業です。社会におけるパーパスが、それを実現する技術、常に応援を惜しまない顧客によって支えられている例といえます（佐藤尚之・津田匡保『ファンベースなひとたち』日経 BP、226～247ページ）。

FIGURE 39　イケウチ・オーガニックのパーパス経営のポイント

①もともとOEM生産のメーカーだった
②赤ちゃんが口に含んでも安全なタオル
③自然にピュアになっていく未来を実現するための
　誠意あるものづくり
④工場の全行程を風力発電
⑤パーパスと技術とファン

6 パン・アキモト

パンの製造販売を行うパン・アキモトは、被災地向けのパンの缶詰の開発経験を活かし、国内外の様々な地域で被災地支援や飢餓地域支援を行ってきました。

1 被災地で食べられるパンの缶詰を開発

パン・アキモトは栃木県那須塩原にあるいわゆる普通の「パン屋さん」ですが、パンに秘められた無限大の力で社会に夢と笑顔を届けたい！ と「パンの底力プロジェクト」を立ち上げ、被災地支援や飢餓地域支援を行っています。

パンの底力を示すものが「パンの缶詰」。きっかけは1995年の阪神・淡路大震災でした。被災地の人たちにパンを食べてほしい、とトラックで向かったものの、3分の2は口に入る前に傷んでしまいました。しかも残った3分の1も「硬いパンは食べられない」「柔らかくておいしくて長持ちするパンをつくってほしい」という声があり、満足してもらえなかったといいます。

そこからパンの缶詰を開発するための挑戦が始まりました。当時の備蓄用のパンといえば乾パンが主流でした。やわらかく長期保存できるパンなど現実的とは思えません。1年の月日をかけ、ついにパンの缶詰が誕生しました。はじめはほとんど知られていませんでしたが、新潟県中越地震、支援のために届けたパンの缶詰を被災者がおいしそうに食べている姿がテレビで放映されたことで注目を浴びました。

2 経験と対応力が社会問題の解決に

　救缶鳥プロジェクトとは、企業などが備蓄している同社の「パン缶詰」を賞味期限前に回収し、被災地や飢餓地に送るというシステムです。防災備蓄食の廃棄問題の解決にもなります。同プロジェクトは1本の電話からスタートしました。2005年のスマトラ沖地震時に現地の知り合いから「中古のパンの缶詰を売ってほしい」と頼まれ、「賞味期限が切れる前のパンの缶詰を回収し、海外へ送り支援する」というアイデアが生まれたといいます。

　代表取締役社長・秋元義彦氏は、以前から「世界を見据える事業をしたい」と考えていたと述べています。以降の被災地訪問、技術開発・改良、ネットワークからの「依頼」など、現場の経験と対応力が重なって、「パンの底力プロジェクト」が実現しました。事実を積み重ねるなかで、社会における目的が見出された——当初抱いていた大望が現実となった——例であるといえるでしょう（株式会社パン・アキモト「パンの底力プロジェクト」）。

40 パン・アキモトのパーパス経営のポイント

①栃木のパン工房。もともと世界相手の仕事をしたい、と社長
②阪神淡路大震災で被災地にパンを届けたときの反応から長期保存の缶パン開発
③外部の依頼によって新たな支援システムにつながった
④備蓄食品の廃棄問題解決と被災地支援ができるプログラム（救缶鳥プロジェクト）
⑤海外にも支援

CHAPTER 6　パーパス経営の導入事例

オイシックス・ラ・大地

食品宅配などを手掛けるオイシックス・ラ・大地は、インターネット技術による社会貢献を目的に創業した企業ですが、食に関する取り組みを続けるなかで事業の核となるパーパスを明確化しました。

1 生活インフラ構築を社会的存在目的とする

オイシックス・ラ・大地は「これからの食卓、これからの畑」を企業理念とし、「食に関する社会課題をビジネスの手法で解決すること」をミッションとしています。オイシックスとしての創業は2000年、その後「大地を守る会」「らでぃっしゅぼーや」と立て続けに経営統合し、急拡大しました。

同社はパーパスという言葉を使っていませんが、誰もが安全で健康的な食生活を無理なく送るための生活インフラ構築を社会的存在目的としています（オイシックス・ラ・大地株式会社「トップメッセージ」）。

創業当時のことを創業者メンバーでオイシックス・ラ・大地 取締役執行役員・堤祐輔氏はこう振り返ります。「はじめから野菜の宅配業をやりたかったわけでは全然ないんです。原点にある想いは『インターネットを使って、社会を良くするビジネスを、自分たちでつくる』です」。

看板商品は、忙しい主婦向けのミールキット宅配サービス。時間がなくても安全で健康な食を簡単に実現できるように工夫されています。コロナ禍で家庭での食事が増え、しかもスーパーでの買い物を避けたい主婦に高く支持されました。

同時に、農業が持続的に発展できるよう、農家のありかたにも目を向け、良い食をつくる農家と、良いものを食べたい人をつなぐ仕組みの構築、維持にも力をいれています。

2 事業を展開するなかでパーパスを練り上げる

　同社創業時のパーパスは、農業や食によって社会に必要な存在になる、というよりもむしろ、「インターネットの技術を使って、世の中の役に立つ」というアプローチでした。創業者らのバックグラウンドにある経営スキル、知識——「農」の業界にいなかったからこその蓄積ともいえます——もパーパス実現のための重要な要素となっています。社会情勢や顧客のニーズ、ウォンツの分析、また実際に寄せられる声によって、顧客にとって必要なサービスが整っていき、安全で健康な食という核となるパーパスが練り上げられていきました。

FIGURE 41 **オイシックス・ラ・大地のパーパス経営のポイント**

①創業メンバーは食ビジネスとは無縁の20代男性
　（ミレニアル世代のアントレプレナー）
②始点は「インターネットを使って社会を良くするビジネスをする」
③社会情勢、顧客のニーズ、ウォンツ分析、顧客からの声によって事業が進化
④実際のビジネスのなかでパーパスを組み立てる
⑤消費者・生産者への強い思い

プラスリジョン

障がい者の雇用促進やコンサルティングを行うプラスリジョン
は、創業者の子ども時代の経験をもとに生み出したパーパスを基
に、本業を通じた社会貢献に取り組んでいます。

1 障害のある人の働く場をつくる

プラスリジョンは2008年、障害のある人の働く場づくりを事業
的手法で確立することを目指して誕生しました。社名は「常にリジョ
ン（融合）をプラスする」ことを意味しています。

農業分野との融合事例として、「オニオン・キャラメリゼ」を商
品化。土づくりからこだわる有機農家が育てた玉葱を飴色になるま
でじっくり炒めた調味料です。大阪府第 4次福祉計画策定委員
（2010～2011年）、農林水産省6次産業化プランナー（2012年～）、
ユニバーサル社会づくり賞・兵庫県知事賞（2013年）をはじめ多
数の賞を受賞しました。

創業者で代表取締役の福井祐美子氏はこのように語っています。

「『障がいがある』イコール『能力がない、何もできない』ではあ
りません。彼らに合う環境が整っていないから、できないと思われ
ているだけです。視力が悪い人は、そのままでは『見る』ことに関
しては能力が劣りますが、メガネをかければなんの問題もないで
しょう。そのように、たとえば、A という障がいがある場合、『～
をしてください』とさらっと言っても彼らはどう動いたらいいかわ
からなくて何もできないかしれませんが、手順をすべて事細かに書
き出して明快な指示リストにすれば、ひとつもいい加減にすること
なくきっちり正確な仕事をします。障がいは弱みではないんです」

2 小学校の頃の経験がビジネスに

　福井氏が「障がいのある人が働ける場を創ろう」と思ったそもそ
ものきっかけは、小学校の頃にさかのぼります。同氏が育った大阪・
箕面市は、障がいのある人もない人も共生するノーマライゼーショ
ンが進んだ地域でした。小学校で重度の障害のある児童と6年間一
緒だった経験から、「障がいがあっても、並外れた才能がある」と思っ
たそうです。それでも、大人になって再会したとき、その人は進学、
就職でうまくいかず、以前の姿とはまったく違っていたことに福井
氏は衝撃を受けました。「なぜこんなことに…」という思いが、い
まのビジネスに結実しました。

　福井氏は障がい者のことだけを考えているわけではありません。
農作物をつくる人（農家）、加工する人（障がい者）、製造現場（福
祉施設の人たち）、食べる人（消費者）、皆が支え合い、ハッピーに
なる「オーガニックな生態系」の創造を目指しています。

42 プラスリジョンのパーパス経営のポイント

①障がいのある人に働く場づくりを事業的手法で確立
②創業者が子どものころに感じた問題意識、信念がベース
③障がいがあっても環境を整えることで解決できる
④商品そのものの魅力で売れるように商品開発
⑤農家、障がい者、製造現場、消費者みなが支え合う
　オーガニックな生態系の創造を目指す

カラーズ

カラーズは、ペットショップ業界の闇が問題視されるなかで、「いのち」の大切さに焦点をあてたパーパスを掲げて創業しました。ペットショップの未来像を示す事業活動を行っています。

1 犬と暮らす喜びにフォーカス

カラーズは犬の「心と身体の健康」のための自然食フード、健康食品の販売、情報の提供を行うショップ「グリーンドッグ」を中心に、犬の「食」のスペシャリストによるカウンセリング、「コンパニオン・アニマルを健康に導き維持できる知識の普及と人材の育成」を目的とした教育事業など、「犬と暮らす喜び、健康、笑顔」をテーマに様々なビジネスを展開しています。ウェブサイトには下記のようにその志（ミッション）が記されています。

「私たちの使命は、ホリスティックライフを提案し、犬と暮らす喜び、健康、笑顔をお届けすることです」

ここで特徴的なのは、「犬」関連のビジネスでありながら、同時に人が「犬と暮らす喜び、健康、笑顔」を感じることにフォーカスしていることです。

2 ペットショップのありかたを示唆する取り組み

ペットショップは可愛い仔犬が並び、幸せな場所に見えますが、近年、悪質なブリーダーやパピーミル＊といった闇の部分が知られるようになりました。生体販売を行わないショップも少しずつです

＊パピーミル　営利を目的として、費用を抑えて愛玩犬を大量繁殖させること。

が増えつつあります。そのような社会的背景を反映するように、カラーズは「本来ペットショップが果たすべき役割とは」と問いかけています。

「ペットショップという場所は、人 (オーナー様) が「いのち (パートナー)」に出会い、「いのち」の大切さを学び、そして出会った「いのち」にオーナーと一緒に向き合い大切に育んでいく場所であるべきではなかろうか。ところが、いまのペットショップはその役割を果たせているだろうか？　大切に育むべき「いのち」が、むしろないがしろにされているのではないだろうか。あるべきペットショップの未来像を創りたい」(株式会社カラーズウェブサイト)

パーパスという言葉を使っていませんが、まさにカラーズという「ペットショップ」の存在意義です。この思いは、創業者である佐久間敏雄氏の実体験に基づく信念でもありました。

カラーズはこうした理念に沿って保護犬の譲渡活動や「犬を飼う前」のセミナーなどを行っています。業界全体の将来像のありかたを示唆する取り組みといえるでしょう。

FIGURE 43) カラーズのパーパス経営のポイント

①犬と暮らす喜び、健康、笑顔をテーマにビジネス展開
②ペットショップをめぐる社会的背景の変化
③本来、ペットショップが果たすべき役割について考えることから事業を立ち上げた
④創業者自身の経験に基づく実感と信念がベース
⑤「いのち」の大切さを学ぶ場所としてのペットショップ

八尾市文化会館プリズムホール

地域密着型の文化ホール・八尾市文化会館プリズムホールは、コミュニティに所属する人自身が輝ける場所であることを存在目的とし、「人とつながる」ためのプロジェクトに取り組んでいます。

1 「あなたの人生が輝く場所」を理念に運営

プリズムホールは地元密着型の「誰もが利用できる文化ホール」です。大阪府八尾市の芸術文化の拠点施設として1988年11月開館しました。公益財団法人八尾市文化振興事業団が運営し、これまでの利用者・来場者は1000万人を超えます。身近な文化体験から、クラシック音楽・演劇・落語・オペラ・ダンス・バレエなど本格的な催しまで1000回以上を主催し、4500回を超える公演や講座実施の実績があります。

同ホールの基本理念は「あなたの人生がかがやく場所」。理念に基づくミッションとして、以下の3項目が挙げられました(ミッションという言葉ではありますが、社会における存在意義そのものであると考えられます)。

---

1 感動・意欲——感動と生きる意欲を生み出す本物の作品の創造と発信」により、人がかがやく社会に変える

2 つながり・交流——つながりと交流が生みだす生き生き市民のまちづ くり」により、劇場が持つ資産を用い、市民の表現・交流を促し、人をポジティブにかがやかせる

3 まちの魅力——地域の魅力の発見・発信によるシビックプライドの醸 成」により、生活の中に埋もれている大切な

文化にさまざま光をあて、地域の魅力と地元愛をかがやか
せる

2 コミュニティへのかかわり方を再検討

　同ホールははじめからこのような存在目的を持っていたわけでは
ありません。開館当初はバブル期で海外のバレエやオペラなどハイ
カルチャーなアートを招聘していました。社会情勢の変化に対応し、
コミュニティのために何をすべきか、どうかかわるべきかという問
いにあらためて取り組んだといいます。「プリズムホールの主役は、
舞台上の俳優や歌手ではなく"あなた"なんです」（大久保充代館長）。

　「人とつながる、交流する場づくり」に重点をおく姿勢は、大久
保館長自身の経験によるものでもありました。「幼いころから親が
共働きで、しつけも厳しかったため、当時は家庭が自分の気持ちに
寄り添ってもらえている、という感覚をあまりもてませんでした。
そんな私に、居場所と、仲間と、自信や達成感を与えてくれたのが、
中学から始めた演劇と演劇部およびそのクラブのメンバーだったの
です」（大久保館長）。

　さらに大久保館長はこう続けます。「演劇は舞台芸術ではありま
すが、自分の居場所であり社会化させる場であり、人間を癒す・救
う機能がある、と実感しました。いまもそう信じていますし、実際
いまの仕事で、演劇や音楽などの力で救われている人がいます。毎
日のように目の前でそういう人を見ていますし、実感します」

　自身が舞台に立つ経験を持ち、演劇の持つ力に対するゆるぎない
信念があるからこそのパーパスの再定義であり、組織のパーパスが
自身の個人的なパーパスに一致した例といえます。「ホール」の名
ではありながら、事業のベクトルは物理的な「場所」を超え、将来

の社会への貢献に向かっています（シン・ヤオマニア「あなたの人生がかがやく場所　新生プリズムホールの担う未来」2021年秋号Vol.40、6〜7ページ）。

　プリズムホールの取り組みをさらに前進させるのが、同市芸術文化振興に関する条例の制定（2022年4月）です。同条例の前文には「これまでの個々の鑑賞や活動に軸足を置いた展開から、つながりやひろがりに軸足を置いた展開に力を入れていくことが大切といえ、今後の芸術文化振興においては、市内の活動場所や活動団体がつながり、誰もがアクセス可能な芸術文化活動の有機的なネットワークを形成し、歴史資産や伝統文化を守りつつ、新しい文化を創造し発信するまちをめざしていくこと」の重要性が明記されています。大久保館長は「条例の制定は、市が芸術文化に関する施策を実施することや、市民の芸術文化活動の後押しを約束することになる」と述べています。

44 プリズムホール八尾市文化会館のパーパス経営のポイント

①開館当時は海外バレエなどハイカルチャーなアートを招聘
②社会情勢やコミュニティの変化で「コミュニティのために
　何をすべきか」問いに取り組む
③主役は舞台上の役者でなく「あなた」
　人とつながる、交流する場づくりをめざす
④館長が中学の演劇部活動で「居場所」を見出した経験と
　信念がベース
⑤市の公共事業におけるパーパス導入事例

CHAPTER

7

パーパス経営を
成功させるには

　パーパス経営を実際に行うにあたって、なかなか社員の理
解が得られなかったり、効果が得られなかったりする場合も
あるかもしれません。本章ではこうした実践時につまずきや
すい点への対応方法について解説します。

パーパス経営において
つまずきやすい点

パーパス経営を実践しようとしても、パーパスの設定や従業員への浸透、継続性、組織全体の改革といった点でつまずく場合もあります。

1 つまずきやすい4つの点

　ここまでパーパス経営について様々な視点から考えてきました。導入の手順もわかったし、これでもう大丈夫。うちもパーパス経営実践企業の仲間入り——そう思っていても、実際のところ、手順通り導入してみたのにうまくいかない、という場合もあります。第7章では、つまずきやすい点について、導入の段階に沿って説明していきます。転ばぬ先の杖としてお読みください。

　第1に、パーパス設定時の問題です。パーパスを設定すると決めた、コアチームを発足させてパーパスを設定した、しかし従業員の反応がいまひとつ。なんとなくしっくりきていない気がする——というモヤモヤが生じる場合もあるでしょう。現実には、そもそも「パーパスなんて不要」「余計な仕事が増える」とネガティブな反応をする人も少なくありません。

　第2に、従業員がパーパスを頭では理解しているが、腑に落ちていない場合です。パーパスの文言から従業員が思い描く像がバラバラであったり、各自のパーパスと一致していなかったりで、主体的な行動に結びつかないこともあります。他人事に捉える向きもあるでしょう。

第3に、パーパスの共感が実践につながらない、あるいは「やってみたが結果が出ていない」場合です。従業員による主体的な取り組みが一度きりでなく継続するには、それを促す「しくみ」が必要です。

　第4に、パーパスの導入によって新しいプロジェクトが立ち上がったが、現在のところ組織全体が変わっていない。パーパスの実現とともにによりダイナミックに発展したい、という場合です。

2 サントリーの事例

　サントリーホールディングスの北村暢康・サステナビリティ経営推進本部サステナビリティ推進部長は、対話形式の講演において、サステナビリティへの取り組みと、マーケティングの取り組みを一体感を持って取り組んでいくための方法について訊かれ、「全社に向けた研修や部署ごとの勉強会などを通してサステナビリティとの接点づくりに社を上げて取り組んでいる」と説明しています。「会長から1万遍話すように言われ」、そうした場に積極的に出向き、最近ではサステナビリティについて「至るところで辻説法のように」話していることを明かし、「そうやってやっとつながるんです」と強調しています。

　同社は1990年代からペットボトルの軽量化を進めるなど長年資源の有効活用に向き合い、子どもたちに水の大切さを伝える「水育」も継続的に実施しています。北村氏はそうした実績＝ファクトの重要性についても触れています（サステナブル・ブランド ジャパン「サステナビリティをマーケティングや事業に落とし込むには　サントリーの事例に学ぶ：SB2021 Sustainable Marketing Day（3）」）。

うまくいかない?
こんな場合

パーパスの必要性が理解されていない

「そもそもパーパスなんて必要?」
「一部の人だけが考えていることでは」

メンバーの腑に落ちていない

「抽象的でよくわからない」
「頭では理解できるが……」

実践につながらない

「自分は何をしたらいいのかわからない」
「行動を起こしにくい」
「やってみたが結果が出ない」

新しいプロジェクトは始まったが組織全体が変わらない

「現在のところ変わっていない」
「よりダイナミックに展開したい」

パーパスが理解されない

パーパスを設定しても社員の反応がいまいちな場合は、全員が
パーパスの設定にかかわっていると感じられる仕掛けづくりや、
実現可能性の高い内容に設定し直すことも一案です。

1 全員が設定にかかわっていると感じられる仕掛けを

　パーパスを設定したものの、社員の反応が期待と違う、あまりしっ
くりきていない気がする——これにはいくつかの理由が考えられま
すが、まず「なぜパーパスを設定するのか」が理解されていないと
いうことがあります。実は、こうした反応は珍しくありません。パー
パスがなぜ必要か、リーダー自身の言葉で熱意を持って繰り返し語
ることが不可欠です。

　パーパスの設定にあたりコアチームを立ち上げるのは効果的です
が、そのコアチームに丸投げしてしまうと（実際にはそうでなくて
も、コアチームのメンバーや周囲がそう感じると）、ほかの社員は
自分と関係がないのではないかと思いがちです。全員がパーパスの
設定にかかわっている、と感じられるような仕掛けが重要です。実
際には社員全員がひとつの会議に参加することは難しいかもしれま
せんが、全社員が自社の強みや「自慢できること」「どんな会社に
していきたいか」を話し合う、という方法などは有用です。

2 事実を基盤に設定する

　設定したパーパスが「いい言葉だとは思うが、具体的にどういう
ことなのかピンとこない」というパターンもよく見られます。パー
パスがお題目になってしまう場合です。

パーパスは「事実から入る」こと。自社のこれまでの歩み、原点、創業者の思い、時代の変化にどのように対応してきたか、困難をどのように乗り越えてきたかなど、現実に「何をしてきたか、何をしているか」を基盤にすべきです。実現可能な将来の行動は、事実の延長線上にあるからです。

　事実から入ることによって、「私たちの会社ならでは」のエッセンス、独自性が守れます。ある程度の抽象化は不可避ですが、事実から抽出された言葉には力があります。

　組織のパーパスと個人のパーパスが乖離していないかどうかも要チェックです。ブランディングを意識しすぎると、メンバーの価値観とずれが生じ、結果的に行動に反映されにくい可能性があります。

　忘れてはならないのは、パーパスはそれ自体が目的ではないということです。パーパスは「言語化」が目的ではありません。実践可能なものを設定してからが、パーパスです。

3 味の素の事例

　味の素では、2018年半ば、それまで掲げていた『グローバル食品企業トップ10クラス入り』が実現不可能と判明し、西井氏は次の10年の戦略について、40名の役員を対象とした合宿で徹底的に議論しました。「『食と健康の課題に取り組む企業』という原点を重視しました。創業の志に返ることにしたのです。しかし、過去に戻るのではなく、あくまでこれをパーパスと位置づけ、10年後の2030年における食と健康の課題とは一体何かを考えていったわけです」(西井氏)。それまで規模を追い掛けるビジョンを掲げてきた同社は、2年に及ぶ長い議論の期間を経て、初めてパーパスに基づくビジョン「アミノ酸のはたらきで食習慣や高齢化に伴う食と健康の課題を解決し、人びとのウェルネスを共創します」を掲げました。

4 ソニーの事例

　ソニーの吉田憲一郎氏はCEOに就任するとすぐに社員向けのブログを開設しました。数か月後にはそのブログで、「ミッションを見直したい。ついては社員の皆さんの意見が欲しい」と、全世界の社員に呼びかけています。社員からは賛同の声が多く上がりました。「ソニーグループらしさとはなんだろう」などのテーマで社員と対話を重ねるとともに、各事業のマネジメント層とも議論し、ミッションの見直しを進めていきました。海外の社員からも多くの意見が多く寄せられました。

　吉田氏は社員やマネジメントがプロセスに参画することに大きな意味がある、と考えました。「最終的に自分が提案した言葉がPurposeに入っていないとしても、策定プロセスに参加したということが、その後の浸透には重要だ」と考えていたのです。

FIGURE 46 パーパスが理解されない

- ・「なぜパーパスを設定するのか」リーダー自身が繰り返し語ろう
- ・コアチームに丸投げしない！
- ・パーパスをお題目にしない
- ・パーパスは「事実」から入る
- ・組織のパーパスと個人のパーパスが合致

パーパスが自分事化できない

> パーパスを自分事とするためには、従業員一人ひとりが「組織のなかで自分は何をすべきか」「どのようにして社会における私たち（会社）の存在意義にかかわっていくか」について腑に落ちている必要があります。

1 経営者と従業員の対話が不十分

組織においてパーパスが浸透しない理由としては、従業員の「腑に落ちるための機会」が不足していることが少なくありません。つまり、リーダーがパーパスに込められた思いや意味、このパーパスを通じて自分はどうしていきたいのか、また従業員にはどのようにかかわってほしいのか、といったことを繰り返し熱く語る場面や、従業員との対話の機会が十分でないということです。

腑に落ちるまでには時間がかかります。設定した側は「すぐわかるだろう」と思いがちですが、受け入れる側にとっては、抽象度の高い文言を理解し、共感し、それを踏まえて自分はどう動いたらいいかを考える必要があるため、非常に難しいのです。しかも、通常の業務を行いながらですから、つい後回しになりがちです。

そこで、たとえばスティーヴン・コヴィの『七つの習慣』にもあるように「緊急―緊急でない」「重要―重要でない」というマトリックスをベースに最優先すべきことを整理することも一案でしょう。パーパスに関する対話は、「今日明日のことではないが、長期的に自分の会社を大きく左右しうる課題」です。

パーパスの浸透について、ユニ・チャーム高原代表取締役は次のように語っています。「パーパスを社員に浸透させるには、人間の

心理的な側面をしっかりとらえた上で、その心理に寄り添うことが必要だと思います。そもそも、説得は「される」もので、納得は「する」ものだといわれます。結局、人は納得したことしかやらないですし、やったとしても本気は出せないでしょう。社員が口先だけで「よくわかりました」「刺さりました」と言っている程度の反応では、まだ本当の意味で納得できているかどうかわかりません。もし本当に納得し、共感していたら、社員はパーパスの実現に向けてあらゆる機会を活かして、他者から求められる以上の努力をするはずです。（中略）…ですから、リーダーは部下から「説得された」と思われないように、むしろ部下が「納得した」と思えるように、何ができるのかを考えなければなりません。パーパスを「腹落ち」させることが何より重要なのです。（中略）…人間は理屈だけで納得はしないのだと、よく理解しておくべきでしょう」（『DIAMOND ハーバード・ビジネス・レビュー』2022年6月号72ページ）

2 パナソニックの事例

パナソニック代表取締役専務執行役員の樋口泰行氏は、パーパスの自分事化について次のように語っています。

「なぜそれをパーパスにしたのか、どんなプロセスでそれを定めたのかを含めて『だから大事なんだ！』ということを訴えかけないと響かない。パーパスはロングジャーニーで、しかも経営レベルの話。それをそのまま社員の日々の行動と結びつけるというよりは、パーパスを達成するための行動規範を、デイリーに社員の行動に反映させる。その上で社員には、世界の景色を見て、自分で考え、動くことを期待したい。上司が言ったことを盲目的に続けていると、自分発信で何かをリードできなくなる」（MASHING UP「企業のパーパスと働く人をつなげるために。トップ経営者がいま、考えていること」）

ソニー広報部シニアゼネラルマネジャーの今田真実氏はパーパスの浸透プロセスについて次のように具体的に説明しています。

「CEO 室や人事部、ブランド戦略部、広報部などで立ち上げた「P ＆ V 事務局」が中心になり、まずキービジュアルをつくりポスターにして全世界に配りました。（現在の会長兼社長 CEO の）吉田の Purpose への思いをつづった署名入りレターも配信し、ビジュアルで理解を促進するためのビデオもつくりました。吉田自身もグローバルの事業拠点で実施したタウンホールミーティングで Purpose への思いを語りました。また、各事業のマネジメント層に、「自分の事業戦略を語るときは、必ず Purpose と関連づけて話してください」とお願いしたことも効果があったかもしれません。というのも、社員にとっては、グループ本社の社長の言葉よりも、所属している部門のトップの言葉のほうが響く場合もありますから。

Purpose と Values はグループ共通ですが、ビジョンは各事業で決めることになっています。それも、Purpose に基づいてつくるようにお願いしています。Purpose の下にミッションやビジョン、経営の方向性がある。その立て付けがはっきりしているから、事業戦略が練りやすくなっていると思いますし、現在はそうやって練ることが当たり前になってきています。一例ですが、社内の WEB サイトで「My Purpose」という特集を掲載しました。ソニーグループの Purpose をあなた自身に置き換えるとどうなるのか、日々の業務の中でどう実践しているのか、世界中のいろいろなグループ社員にインタビューした記事です。「クリエイティビティとテクノロジーの力で、世界を感動で満たす」といっても、どう取り組んでいけばいいのかイメージしにくい職種もありますので、参考にしても

らおうと考えたのです。一人ひとりが Purpose を念頭に「自分は
こうしていこう」と考える文化が醸成されつつあると感じています」
（CCL.「ソニーグループの Purpose 経営」）

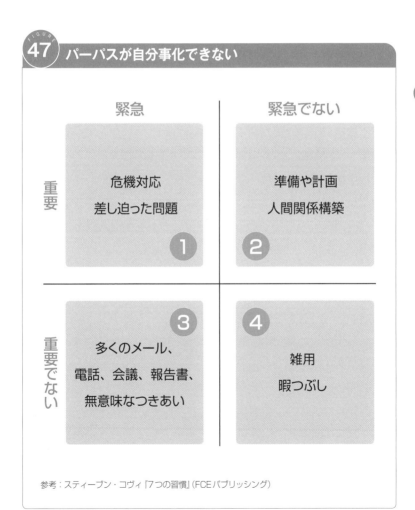

FIGURE 47 / パーパスが自分事化できない

	緊急	緊急でない
重要	危機対応 差し迫った問題 ①	準備や計画 人間関係構築 ②
重要でない	③ 多くのメール、 電話、会議、報告書、 無意味なつきあい	④ 雑用 暇つぶし

参考：スティーブン・コヴィ『7つの習慣』（FCE パブリッシング）

パーパスが実践につながらない

パーパスを設定しても実践につながらない場合には、従業員が
継続的に取り組んでいくためのしくみづくりや、個人レベルの定
期的な振り返りが求められます。

1 継続できるしくみと振り返りが必要

　自社の価値観と強みにフィットしたパーパスを設定した、従業員
も理解し共感し、各々どうしたらいいか考えている——しかし、そ
れが従業員発の自主的なパーパス実現行動につながらない場合もあ
りえます。行動につながったとしても一過性の試みで終わってしま
う（したがって結果に至らない）場合も珍しくありません。

　従業員の意欲を引き出し、自分の価値観、パーパスを組織の価値
観、パーパスに照らして各々がプロジェクトを生み、継続的に取り
組んでいくには、そのための「しくみ」が必要です。

　また、従業員が個人レベルでパーパスを体現するチャレンジの進
行度合いを見るには、定期的な振り返りが効果的です。「パーパス
共有会」という比較的大規模なもの以外に、数か月に1度の割合で
１ on １あるいは少人数のミーティングを行い、「自分はパーパスの
体現のために何をしたか」「うまくいったのはどのような点か」「ど
んな問題があったか」「どう解決したか」「できなかったとしたら理
由は何か」などについて意見交換をするとよいでしょう。

　パーパスの体現は、人によってとらえ方も、やりたい事柄の規模
や難易度も様々です。人と比べて評価したりチェックしたりという
のでなく、各自が自分のテンポで一歩一歩前進できるよう後押しす
ることが大切です。

2 SOMPO ホールディングスの事例

　SOMPO ホールディングスは、「"安心・安全・健康のテーマパーク" により、あらゆる人が自分らしい人生を健康で豊かに楽しむことのできる社会」の実現をパーパスに設定し、「社員一人ひとりが自らの人生の目的や志である "MY パーパス" と "SOMPO のパーパス" を重ね合わせ、個性を発揮しながらチャレンジすることで、社員にとっての幸せの追求と企業としての持続的な成長の両立」を目指した取り組みを宣言しています。

　2022年10月、パーパス経営を推進する一環として、グループ横断の社内表彰制度を導入しました。これは「MY パーパスを互いに尊重し合い、MY パーパスに突き動かされたチャレンジにあふれるカルチャーへと変革すること」を目的にしています。具体的には、社員各自の「想い（MY パーパスなど）を起点に経済価値と社会価値を創出し、SOMPO のパーパスの実現を支えるアイデアや取組みを世界中のグループ各社から募り、そのうち、特にグループ内外へ共有・浸透させたいアイデアや取組みをアワード受賞事例として表彰する」というもの。同表彰制度をてこに社員のエンゲージメントを向上させるとともに組織のカルチャー変革を目指したい考えです。

　さらに SOMPO では、「社員一人ひとりが SOMPO という舞台で自分の志（MY パーパス）を実現していく物語」を『未来伝記』と題し、文字と動画で公開しています。SOMPO 伝と称されるこの物語は、100名の社員が組織人というのでなく一人の人間として、自分の価値観を大切にしつつ、より幸せに働く生き方を模索する姿を描き出し、従業員のパーパス実践を後押ししています。

　オムロンでは、2012年から企業理念実践を推進する活動として、「TOGA（本文86ページ）」という制度を導入しています。TOGAとはいいかえれば「社員による企業理念実践の物語をグローバル全社で共有し、皆で讃え合い、共感と共鳴の輪を拡大する」年間を通じた取り組みです。同社ではその狙いを「社員自らが社会的課題の解決に向けた目標を立てることで、企業理念実践にチャレンジし続ける風土の醸成」としています。

　ここで注目すべきは、TOGAが「制度ありき」でなく、実際に社会課題解決のために知恵を絞り行動する社員の存在から始まっていることです。代表取締役社長 CEO の山田義仁氏がTOGAに思い至ったのは、インドネシアの生産子会社で工場長として働く一人の社員サントソ氏の行動がきっかけでした。同グループの合弁会社を訪問し、障がい者が自らの能力に合わせてオリジナルの治具を開発したり、互いの能力を補い合ったりしながら、健常者とともに活きいきと働いている姿に感銘を受け、インドネシアに同じように障がい者が働ける工場を実現させたといいます。その上、自社工場で実践したノウハウを広く公開し、インドネシア政府をも巻き込み障がい者雇用の促進に貢献しました。

　彼のこうした活動は社内外で高く評価され、2012年の創業記念式典において企業理念の実践にチャレンジした事例として「特別チャレンジ賞」を受賞。「オムロンには、彼のように企業理念を実践した事例が他にもたくさんあるはずだ。現在、そして未来に向けて皆が取り組んでいる企業理念実践の物語を掘り起こしたい。そして、そうした取り組みを社員皆で共有し、応援し、称賛したい」という山田氏のアイデアが、TOGAの設置につながりました。

48 パーパスが実践につながらない

一過性に終わらないためのしくみづくりが重要！
定期的な振り返り、評価に反映させる制度を！

たとえば…

組織のパーパスと自分のパーパスを重ね合わせ、
各自がチャレンジ

全社で共有、表彰

効果をさらに高めたい

パーパス経営による効果をさらに高めていきたい場合は、組織のメンバー一人ひとりがパーパスを基準に主体的に活動できるよう組織全体の在り方を見直すことが有効です。

1 ティール組織を目指す

パーパスの理解、共感、浸透の段階を経て、従業員各自が個人のパーパスと照らし合わせ、自分は組織のパーパス体現のために何ができるかを考え、主体的に活動を進めていくなかで、よりダイナミックな方向性につなげるには、どうすればよいのでしょうか。

ひとつには、組織全体のありかたを見直すことです。一般に、日本企業は**階層的構造（ヒエラルキー）**がベースですが、固定的ではなく、目標達成に向けて組織のメンバーが能力を活かして動き、昇進も可能です。こうした組織はオレンジと表わされます。**オレンジの組織**では、企業の方向性は経営者側が決めます。目標達成のため、数値管理が強調される傾向があります。

オレンジの組織に比べて、組織のメンバーがより主体性を持って行動することができるのが**グリーンの組織**です。メンバー一人ひとりの個性が尊重され、みなで意見を出し合って物事を進めていく空気があります。権限移譲が行われることもありますが、決定権は経営側にあります。

この進化型が**ティール（青緑色）**組織です。ティール組織には、強力な権力を持つリーダーは存在しません。上からの指示命令系統はなく、現場でメンバーが意志決定を行います。一人ひとりがオーナーシップを持ち、お互いにフラットな関係を築き、組織の存在目

的を果たすため主体性をもって活動していくような組織です。

　詳しくはフレデリック・ラルー『ティール組織』（英治出版）を読んでいただくとして、ここで重要なのは、ティール組織においては、メンバーの行動は上司の指示でなく、パーパスに照らし合わせて各自が考えるということです。すなわち、パーパスをすべての基準として、意思決定を行い、互いに必要に応じ連携しながら実行に移していきます。メンバーは「自分のタスク」についての責任にとどまらず、組織目線での責任を持つことが求められます。

　パーパスの実現（個人のパーパス、組織のパーパス）とともに社会とかかわりながら成長するのがティール組織といえます。

2 ミツカンの事例

　ミツカンは、野菜などのこれまで捨てていた部分を全部おいしく食べることを通じて、人の健康、地球の健康を考える、というメッセージを具体化する「ZENB」プロジェクトを立ち上げています。同プロジェクトのウェブサイトには、「自然への尊敬と健やかなカラダとココロを育んでいる食べ物に感謝の気持ちを表した『やがて、いのちに変わるもの。』という視点を通して、10年後の人と社会と地球の健康のために始動した新たな食のプロジェクト」と説明されています。

　このプロジェクトは、ミツカン本体でなく別組織 ZENB JAPAN が運営しています。ZENB JAPAN 代表取締役社長の濱名誠久氏は「ミツカン自体も、捨てられていた酒粕からお酢を作り始めたのがルーツです。この歴史を未来にどうつなげていこうかということも考えながら、ZENB というブランドを立ち上げました」と述べています。

また、マスマーケティングを用いた従来のミツカンのやり方でなく、自社ECというチャネルの選択も大きなチャレンジだったとし、次のように話しています。「違うやり方をやってみようじゃないかと。新しい組織、新しい人、新しいやり方。別の組織にすることで、全く新しい未来を作っていくんだという考え方があった」（MASHING UP「最初の一歩は「一人の声」。常識をくつがえし、よりよい社会をつくるイノベーションの起こし方」）

FIGURE
49　主体性による組織の分類

本体性	名称	特徴
高 ↑	ティール（進化型）	個々に意思決定権 互いにフラットな関係
	緑（多元型）	ボトムアップ型 人間関係重視　家族的
	オレンジ（達成型）	リーダーに決定権あり 合理的に目標達成
	アンバー（順応型）	ヒエラルキー 規律重視
低	赤（衝動型）	圧倒的な力を持つトップによる支配

パーパスと業績

パーパスと実績の両立がうまくいかない場合には、自社の事業の裏付けがあるパーパスの設定やパーパスの伝え方の見直しを検討していく必要があります。

1 伝え方や裏付けとなる事実が重要

パーパス経営の導入にあたって、時折出てくる問いが「パーパスと業績は両立できるのか」。「パーパスと利益が相反するならば、パーパスを選ぶべき」という文言も目にするのではないでしょうか。

とはいえ、パーパスの推進に取り組む企業は、株主から「パーパスより業績改善に力を入れよ」と苦言を呈されることもしばしば。海外でも超有名企業が株主から「パーパス偏重ではないか」と批判されたことが話題となりました。パーパス経営と業績について、アジア太平洋地域のマーケティング、コミュニケーションの専門家らのコメントを紹介します。日本の企業にも示唆を与えてくれるでしょう（Campaign Japan「ブランドは、株主にパーパスの価値を説明できているか」）。

「問題は、「パーパス」という言葉の使い方にあると思います。結局のところ、企業のパーパスとは何でしょうか。（中略）…パーパスと利益は、サステナブルな成長のために一体として考えられるべきですが、このことがあまり効果的な方法で伝えられていないと感じています。株主とのコミュニケーションでは、人々が求め、必要とするものを生産するだけではなく、従業員を大切にし、製品やサービスがコミュニティに及ぼす社会的、環境的インパクトを認識し、

それらに積極的に対処することから得られる商業的価値をもっとアピールすべきです」（マレンロウ・サステナビリティ・ディレクター、スージー・グールディング氏）

「株主が財務パフォーマンスを重視するのは理解できますが、サステナビリティやブランドのパーパスへの投資は、必ずしも財務報告が不調になる直接的な原因ではありません。考慮すべき要因はもっとたくさんあります。リーダーにとって重要なのは、財務目標と非財務目標とのあいだで適切なバランスをとることです。サステナビリティとブランドのパーパスには、それぞれ長期的な価値があり、成功している企業は、財務パフォーマンスを損なうことなく、両方のバランスをうまくとっているのです」（フォレスター・プリンシパルアナリスト、シャオフェン・ワン氏）

「企業の経営指標とパーパスを、対立するものとして論じるのは無意味です。どちらも必要で、片方だけでは成長を実現できません。明確なパーパスを持たずに経営指標だけを重視することも、その逆も、やがてはブランドの成長に悪影響を及ぼすでしょう。（コルゲート・パルモリーブ APAC マーケティング担当バイスプレジデント、イヴ・ブリアンテ氏）

サイバーエージェント代表執行役員社長・藤田晋氏は「（自社の）パーパスを決める過程で他社のパーパスやミッションを参考にしたといいましたが、私が読んでも納得できるメッセージを掲げる企業の経営は盤石で、業績もいい会社がほとんどでした」と述べています。具体例を挙げて「それぞれ事業の裏付けがある生きた言葉なので、心にスッと入って」くるとし、パーパスの「裏付け」となる事

実が重要である、と強調しています（『DIAMOND ハーバード・ビジネス・レビュー』2022年6月号82ページ）。

FIGURE 50　パーパスと業績

業績?

パーパス?

業績を重視するか、パーパスに注目するか。
一見対立するように見えても、長期的には両立できるのでは…

7 社会、コミュニティとのかかわり

企業・経営者が事業の枠を超えて社会やコミュニティに貢献していく取り組みは、パーパス経営の理想的な姿といえるでしょう。

1 事業の枠を超えた取り組み

パーパス経営のゴールは、組織が社会における存在意義の追求を通じて発展することにとどまりません。企業・経営者のパーパスが従業員にポジティブな影響を与え、彼ら自身が事業の枠を超えて社会やコミュニティに自らかかわっていこうとする姿は、パーパス経営のひとつの理想ではないでしょうか。

2 日産自動車の事例

2022年、日産自動車は「人々の生活を豊かに、イノベーションをドライブし続ける。」をパーパスとして設定しました。世間の信頼を失う事件があり、危機感を持った女性管理職数名が草の根的に意見交換会やインタビューの機会を設け、存在意義を見直すことから始まったといいます（Ideal Leaders 株式会社「ティール組織で紐解くパーパス経営〜ソース役に注目するパーパスの探求と実装〜」）。

2021年2月、同社は流通、物流、建設コンサルタント等と福島県浪江町、双葉町、南相馬市の三自治体で「新しいモビリティを活用したまちづくり連携協定」を締結し、新たな移動手段としてのモビリティサービス、再生可能エネルギー活用による低炭素化、コミュニティ活性化、災害に対する強靭化への取り組みを宣言しました。

1990年代前半に同県にエンジン工場が建設され、高級車や高性能車用エンジンを生産していることから、同社は同地域と関係がありました。東日本大震災では同社いわき工場も被災、地元地域とともに復興に取り組んできたという経緯があります（日産ストーリーズ「異業種や行政とスクラムを組み、CASEで街づくりへトライ！」）。

③ 東邦レオの事例

　緑化をキーとした地域・コミュニティの価値向上に取り組んでいる東邦レオは利用者目線の「グリーンインフラ」という独自技術を用いて、「環境・くらしの文化をつくり続けていく」ことを掲げています。高度経済成長期に断熱・吸音機能に優れた黒曜石系パーライトの製造・販売・施工をトータル手がけるメーカーとして創業しましたが、1980年代から緑化事業を立ち上げ、2010年代後半からは「グリーン」をより幅広い意味で捉え、人々のライフスタイルや働き方、「まち」のあり方、環境への姿を含めた概念として再定義し、快適な空間創出にかかわるサービス事業でも実績を挙げています。

　橘俊夫代表取締役会長（前代表取締役社長）は、「経営者は自分の会社のことばかり考えていてはだめだ。社会があってこその会社。社会がどうなっていてほしいか、そのために会社はどうあるべきか、自分はどうすべきかを考えなくては」と語ります。同氏はまた「世のため人のために働く人を支援したい」と私財をなげうって財団を設立、継続的に活動を続けてきました。

　コロナ禍で社会が前例のない不安にあったとき、同社はすみやかに全社員300名に一律10万円の支給、マスクの支給、および協力業者への支援を実施しました。すると、社員からこのような声が出たといいます。「自分たちは国から支援があるうえに、会社からも通常通り給与が支払われている。さらに支援までもらっている。自

分が困っていないのであれば、人のために何かできることをやろう！」

　同様の思いを持つ従業員が「レオ基金」を設立したところ、社会・コミュニティで困っている人たちの支援にあてててほしい、とすぐに460万円ほど集まりました。経営者自身のパーパス、価値観が、その行動を通じて社員に共有され、ごく自然な形でコミュニティへの貢献活動につながった例といえます。

51 社会、コミュニティとのかかわり

リーダーの信念に即したパーパス
リーダーの言動を通じて日々社員に浸透

PURPOSE

自分たちはコミュニティ、
社会に何ができるのか?
みずから考え、チームで実践

索引

索引

169

主要参考文献

【単行本】

伊吹英子・古西幸登　2022年『ケースでわかる実践パーパス経営』日本経済新聞
　出版

井村優・佐藤善信（監修）　2022年『同族企業の5代目社長が挑む企業風土改革』
　幻冬舎

岩嵜博論・佐々木康裕　2021年『パーパス―「意義化」する経済とその先』ニュー
　ズピックス

弦間明・小林俊治　2006年『江戸に学ぶ企業倫理―日本におけるCSRの源流』生
　産性出版

佐藤尚之・津田匡保　2020年『ファンベースなひとたち―ファンと共に歩んだ企
　業10の成功ストーリー』日経BP

ジョリー、ユベール＆キャロライン・ランバート　2022年『*THE HEART OF
　BUSINESS*（ハート・オブ・ビジネス）―「人とパーパス」を本気で大切にする新
　時代のリーダーシップ』英治出版

鈴木浩三　2008年『江戸商人の経営―生き残りを賭けた競争と協調』日本経済新
　聞出版

竹延幸雄　2020年『小さな三代目企業の職人軍団　教科書なきイノベーション戦
　記』日経BP

永井恒男・後藤照典　2021年『パーパス・ドリブンな組織のつくり方―発見・共
　鳴・実装で会社を変える』日本能率協会マネジメントセンター

名和高司　2021年『パーパス経営―30年先の視点から現在を捉える』東洋経済新
　報社

丹羽真理　2018年『パーパス・マネジメント―社員の幸せを大切にする経営』ク
　ロスメディア・パブリッシング

マッキー、ジョン＆ラジェンドラ・シソーディア　2014年『*Harvard business
　school press* 世界でいちばん大切にしたい会社―コンシャス・カンパニー』翔泳社

矢崎和彦　2013年『ともにしあわせになるしあわせ―フェリシモで生まれた暮ら
　しと世の中を変える仕事』英治出版

山田敦郎　2022年『パーパスのすべて―存在意義を問うブランディング』中央公
　論新社

【雑誌】

DIAMONDハーバード・ビジネス・レビュー　2019年3月号（PURPOSE特集）

DIAMONDハーバード・ビジネス・レビュー　2020年10月等（パーパス・ブラ
　ンディング特集）

DIAMONDハーバード・ビジネス・レビュー　2022年6月号（パーパス経営特
　集）房

●著者紹介

相島 淑美（あいしま としみ）

神戸学院大学経営学部准教授。主要研究テーマは日本型マーケティング。男女雇用機会均等法による日本経済新聞社女性記者第1号として様々な企業を取材した後、慶應義塾大学大学院文学研究科でアメリカ文化を研究。女子大教員を経て関西学院大学経営戦略研究科でMBAおよび博士号（先端マネジメント）を取得した。鈴木淑美名義で翻訳多数。

●本文イラスト

まえだ たつひこ

図解ポケット

パーパス経営がよくわかる本

発行日	2023年 2月15日	第1版第1刷
	2023年 4月 1日	第1版第2刷

著 者	相島 淑美

発行者	斉藤 和邦
発行所	株式会社 秀和システム

〒135-0016
東京都江東区東陽2-4-2 新宮ビル2F
Tel 03-6264-3105（販売）Fax 03-6264-3094

印刷所	三松堂印刷株式会社 Printed in Japan

ISBN978-4-7980-6884-8 C0034